# 인스타툰으로 온라인 월세 받으며 살아요

인스타툰으로 온라인 월세 받으며 살아요

**발 행** | 2023년 03월 22일

**저 자** | 구하라

**펴낸이** | 한건희

**펴낸곳** | 주식회사 부크크

**출판사등록** | 2014.07.15(제2014-16호)

**주 소** | 서울특별시 금천구 가산디지털1로 119 SK트윈타워 A동 305호

**전 화** | 1670-8316

**이메일** | info@bookk.co.kr

ISBN | 979-11-410-2116-0

# 인스타툰으로 온라인 월세 받으며 살아요

구하라 지음

# 목차

**PART 6 인스타툰 작가의 수입 파이프라인**

**PART 7 인스타툰으로 공동구매하기**

**프롤로그**

## 누구나 인스타그램으로 온라인 월세 받을 수 있다

　현대 사회와 떼려야 뗄 수 없는 SNS. 그중 인스타그램은 수많은 브랜드의 마케팅 창구로 사용되고 있으며, 현재 SNS 계정이 없는 브랜드는 거의 없다. 또한, 인스타로 시작해 큰 포털사이트에서 연재를 하고 있는 웹툰 작가들도 있으며, 인스타그램을 통해 인기 있어진 일러스트 작가들 중 몇 명은 큰 브랜드들과 협업을 통해 큰 수익을 창출하고 있다.

　흔히 말하는 인스타그램 인플루언서나 연예인들은 인스타그램 계정이 광고 1회를 올리고 수십만 원~수천만 원의 광고료를 지급받기도 한다.

꼭 유명한 사람만 인스타그램으로 돈을 벌 수 있는 걸까? 내 경험에 의하면 "No"라고 말하고 싶다.

나는 아이 둘을 키우며 미술 방과 후 강사 계약직으로 하루 4~5시간 근무하면서 최저시급에 맞춰 계산된 월급을 받던 워킹맘이었다. 그렇지만 인스타툰 계정을 운영하기 시작한 지 2년도 채 되지 않은 지금은 매 달 인스타그램 계정 하나로 매달 월급의 배 이상의 수입을 월세처럼 받고 있다.

지금 내 인스타그램 계정은 4만명이 넘는 독자분들이 구독해주시고 매 주 내가 만들어내는 콘텐츠를 소비해주고 있으며 매 주 계속해서 구독자가 늘고 있다.

내가 인스타그램으로 이렇게 많은 구독자를 모으고, 이로 인해 매달 온라인 월세를 받을 수 있게 된 건 내가 특별해서 일까? 그렇지 않다. 이 일은 문장을 써 내려갈 수만 있다면 누구든지 할 수 있다. 다만 인스타툰 수익화의 원리와 방법을 모르는 것일 뿐이다. 나도 처음엔 그 원리와 방법을 몰라 맨땅에 헤딩하듯이 여러 시행착오를 거치느라 조금 오랜 시간이 필요했으나 이제 막 인스타툰 수익화를 시작하려는 사람들에게는 내가 시행착오를 거쳐온 경험과 과정을 이 책을 통해 전해보려 한다.

이 책을 읽고 당신이 조금이라도 빠르게 인스타툰을 통해 월세 혹은 그 이상의 수입을 가져갈 수 있기를 바라본다. 일단 시작하면 분명 길은 나온다.

2023년   3월

주주맘, 구하라

# PART 1 인스타툰 작가로 살아가기

# 인스타툰이란?

 최근 온라인에서 인기를 끌고 있는 콘텐츠 유형 중 하나가 바로 '인스타툰'이다. 인스타툰이란 인스타그램과 웹툰의 합성어로 사진 또는 짧은 영상 위에 만화 형식의 일러스트를 그려 올리는 형태를 말한다. 인스타그램은 플랫폼 특성 상 한 번에 최대 10컷의 사진만 올릴 수 있어서 인스타툰의 스토리는 대개 10컷 내에 스토리가 완결되거나 1편, 2편 등 회 차를 나누어 진행되기도 한다.

 1~2년 전만 해도 보통 일상의 소소한 내용을 다루는 일상툰이 인스타툰의 주를 이루었다면, 현재는 인스타툰을 업로드하는 사람이 많아지며 그 내용과 장르도 다양화되어가고 있다.

 스마트폰, 태블릿PC등의 간단한 장비 몇 가지만 있으면 누구나 시작할 수 있기 때문에 진입장벽이 낮은 편이다.

# 인스타툰 작가가 되기까지

인스타툰 작가가 되기까지 나는 다양한 직업을 거쳐왔다.

외국계 명품 기업 VMD팀 막내보조, 제약회사 해외영업팀 사무직, 대만 현지 백화점 판매직, 대기업 본사 사무직 계약직, 구매대행 1인 쇼핑몰 운영, 방과 후 미술강사 등. 이 직업들을 지냈던 이야기는 내 유튜브 채널 [주주맘]에 올렸던 영상 콘텐츠에 자세히 다뤘다.

제약 원료도매회사에서 중국 서류 번역 업무를 했었고, 대만에서 판매직으로 일했던 경험도 있던 나는 중국어에 자신이 있었고, 그런 점을 살려 구매대행 쇼핑몰을 첫째 아이가 돌 즈음 되었을 때 시작해서 둘째 아이를 낳을 때까지 약 4년에 걸쳐 운영했다.

아이를 키우고 남는 시간에 하루 3~4시간 동안만 운영했기 때문에 큰 수입을 벌진 않았지만 부업정도의 개념으로 꾸준히 잘 운영해 왔었다.

1인 쇼핑몰이었기 때문에 둘째 아이를 낳고 조리원에까지 노트북을 챙겨 가서 발주업무를 보는 등 꾸준히 애착을 갖고 운영해왔는데 둘째아이가 태어나고 얼마 지나지 않아 코로나 바이러스가 온 세상을 뒤엎었다.

중국과 한국을 오가는 모든 화물항공편이 축소되었다. 중국 내 여러 도시 봉쇄로 택배 물류에 차질이 생겼다. 국내 자영업자들이 어려워지기 시작했고, 내수 경제가 흔들리기 시작했다. 사람들은 생필품 외의 제품에는 지갑을 닫기 시작했다.

코로나 바이러스라는 재해, 재난은 내가 통제할 수 있는 요소가 아니기 때문에 그로 인해 운영하던 쇼핑몰은 수입이 거의 없어졌고, 코로나가 터지고 남편일과 내 일 모두에 수입 타격을 입게 된 나는 아직 어린 내 아이 둘을 앞으로 안정적이게 키워가기 위해 다른 직업을 찾으려고 고심했다. 그 중 자연재해나 다른 외부적인 요소로 방해받지 않을 수 있는 일을 찾으려고 보니 역시나 온라인 시장에 답이 있다고 생각했다.

그 중에서도 '콘텐츠'나 '무형의 서비스'를 제공하는 일은 그래도 자연재해나 외부적 요인에 영향을 받는 일이 그나마 가장 적을 것이라고 생각했다.

몇 날 며칠을 고민한 끝에 새벽배송으로 아이패드와 애플 펜슬을 할부로 구매했다.

그리고 배송 받자마자 나의 육아일상을 하나씩 웹툰처럼 그려서 인스타그램 계정에 업로드 하기 시작했다. 이게 바로 매달 월세 나오는 인스타그램 계정의 시작이었다.

## 인스타툰으로 수입이 생기기까지 현명하게 버티는 방법

모든 아티스트가 생계 걱정 없이 마음껏 창작활동을 영위할 수 있다면 좋겠지만, 현실은 그렇지 않다. 당장 먹고사는 문제가 급해 창작활동을 시작하는 것은 쉽지 않다. 그래서 보통 유명한 아티스트에게는 든든한 후원자들이 있다. 유명한 미술가 빈센트 반 고흐도 그의 든든한 후원자인 친동생의 지속적인 지원이 없었다면 그는 가난하고 배고픈 환경에서 창작활동을 지속할 수 없었을 것이고 지금 우리가 그의 환상적인 그림을 볼 수도 없었을 것이다.

이렇듯 창작가에게는 무명기간 동안 후원과 지원이 필요한데, 인스타툰 작가도 마찬가지이다. 구독자가 많아지면 그 땐 창작을 지속할 수 있는 경제적 여건이 마련되지만 그렇게 되기까지 내적으로도 환경적으로도 힘들고 긴 시간을 지내야 한다.

 나도 마찬가지였다. 나는 인스타툰 시작할 당시에 내가 부양해야 할 영유아 두 명이 있었기 때문에 집에서 마냥 그림만 그리고 있을 수는 없었다. 그래서 낮에는 생계를 이어갈 수 있는 직업인 방과 후 미술강사라는 생계형 직업을 선택하였다. 방과 후 미술강사를 하는 동안 넉넉하진 않은 월급이었지만 그래도 그 수입으로 최소한의 생계를 유지했다. 그리고 저녁에는 인스타툰 콘텐츠를 그렸다. 나 자신이 내 창작활동의 후원자이자 창작가, 즉 1인 2역으로 활동한 것이다. 내 콘텐츠의 미래가치를 보고 스스로 자신에게 투자했고, 인스타그램을 시작하고 약 9개월이 지났을 즘 드디어 광고 협업 의뢰와 외주 의뢰가 들어오면서 수입이 발생했다.

 인스타그램은 유튜브와 달리 조회수 수입이 없다. 내 콘텐츠가 재미있어서 사람들이 많이 봐주기 시작하고 독자가 많이 생긴다면 기업 및 브랜드 등에서 마케팅 담당자가 팔로워 수나 조회수를 보고 광고 협업, 또는 광고 게시물 업로드 등을 요청하면서 광고 수입이 생기기 시작한다.

 첫 수입이 생기기까지 짧게는 몇 개월, 길 게는 1년 가까이의 시간을 버텨야 하는데 이 때 또 다른 나 자신이 생계를 위한 일을 하며 창작가인 나의 가능성과 잠재력을 보고 후원, 지지해주고 있다고 생각하면 그 시간들이 더 이상 외롭게 느

꺼지지 않을 뿐더러 수입이 없는 기간을 배고프지 않게 지날 수 있다.

그리고 이 시기에 여력이 된다면 공모전을 하는 것도 추천한다. 온라인에서 공모전이라고 검색을 하면 새로 모집중인 공모전 정보를 모아 놓은 플랫폼이나 앱을 쉽게 찾을 수 있는데, 여기에 전국에서 하는 대부분의 공모전들이 올라 와있다. 그 중에서 SNS웹툰 공모전이나 일러스트 공모전을 찾아서 공모전에 제출할 콘텐츠를 만들다 보면 포트폴리오도 쌓을 수 있고, 인스타툰 제작 연습도 할 수 있다. 운이 좋다면 수상으로 상금을 받을 수도 있다. 특히 공공기관이나 대기업에서 진행하는 공모전의 경우 수상한다면 나중에 내 포트폴리오에서 큰 역할을 할 수 있으니 꼭 지원해보는 것이 좋다.

나는 이렇게 내 아이들과의 생계를 위한 방과 후 미술강사라는 직업과 중간중간 공모전 작업을 병행하며 꾸준히 인스타그램에 인스타툰 콘텐츠를 올리기 시작했고, 시작한 후 약 1년 반의 시간이 지났을 시점에는 인스타툰 콘텐츠 제작 세후 수입은 미술 방과 후 강사 월급으로 받던 금액의 두 배를 훨씬 넘어 있었다. 그 후 나는 미술강사일을 그만 두고, 인스타툰 콘텐츠에만 제작에만 전념했다.

지금은 인스타툰 제작 및 업로드, 브랜드 SNS툰 연재, 인스타툰 작가 멘토링 등 인스타툰 업계에서 직접 일하며 배운 콘텐츠 제작 노하우, 다양한 기업 및 브랜드와 협업하며 쌓아온 콘텐츠 마케팅 실무 노하우 등을 살려 수입 파이프라인을 넓혀가고 있다.

## 인스타툰을 시작하려는 당신에게

약 2년 전 인스타툰을 시작했던 무렵 불현듯 든 생각은 '이미 이렇게 인기있는 인스타툰이 많은데 내가 너무 늦은 건 아닐까?' 였다. 그렇지만 그런 생각을 한 2년 후인 지금 나는 인스타그램 계정 하나만으로 온라인 건물 월세를 받고 있으며, 브랜드 SNS 계정 그림 작가 연재도 하고 있고, 최근엔 인스타툰 멘토 제의도 받았으며, 이 일이 본업이 되었다.

지금은 그 당시보다 더 많은 인스타툰 작가가 나오고 있고 인스타툰 작가의 수입원도 더 세분화되고 다양화되고 있다. 인스타툰 시장이 점차 커지고 있고 그만큼 이 시장 내에서 다양한 수익을 창출할 가능성도 커지고 있다.

태블릿 PC와 이야기를 풀어내는 능력만 있다면 뛰어들 수 있을 만큼 진입장벽이 낮은 직업이기 때문에 많은 사람들이 뛰어들고 있지만 그 중 절반 이상은 중간에 포기해버리거나 많은 팬 층을 확보하지 못해 수입 없이 그저 그림만 업로드하며 '내가 지금 뭐하고 있는 거지?'라는 생각에 사로잡히기도 한다.

취업에도 계획과 준비가 있듯이 수익화를 위한 인스타툰 연재에도 계획과 준비가 필요하다. 인스타툰 연재에 수입이 생기게 되는 원리를 이해하고 잘 준비한다면 1년 뒤 당신도 온라인 건물주가 될 수 있을 것이다.

# 인스타툰 작가는 작가가 아니다

인스타툰이란 인스타그램에서 연재하는 웹툰을 말한다. 인스타그램에는 유튜브처럼 콘텐츠 뷰(view) 자체로 벌어들일 수 있는 수익도 없고, 블로그처럼 애드센스를 삽입해 플랫폼의 광고수입을 받을 수도 없다. 또한 일반 웹툰 플랫폼에서 연재하는 여느 작가들처럼 연재 원고수입도 없다.

그렇지만 인스타툰에서 소위 말하는 중, 대형 계정(5만 ~100만 독자, 즉 팔로워가 구독하는 인스타툰 계정)을 운영하는 작가들은 매 달 평균 몇 백 ~ 몇 천 단위의 수입을 벌고 있다. 어떻게 이게 가능한 것일까?

바로 인스타툰 작가들은 다양한 브랜드나 마케팅 대행사에서 의뢰하는 '브랜디드 콘텐츠(브랜드에게 고료를 지급받고 인스타툰 작가가 제작한 브랜드 홍보 인스타툰)'를 업로드 하여 수입을 벌어들인다. 이 외에도 공동구매, 강의, 지식 판매, 굿즈 판매, 후원 받기 등 인스타툰 작가들의 다양한 수입 파이프라인이 있으나 대부분의 인스타툰 작가들의 가장 큰 수입 파이프라인은 '브랜디드 콘텐츠'이다.

이런 '브랜디드 콘텐츠'는 일정 팔로워 이상이 모이면 기업에서 먼저 제안 메일이나 제안 DM이 오는데, 이 때 기업이 인스타툰 작가에게 '브랜디드 콘텐츠' 제작 의뢰를 하는 이유는 무엇일까? 기업에 만화를 그릴 줄 아는 사람이 없어서? 기업에서 인스타그램 계정을 운영할 줄 몰라서? 절대 아닐 것이다.

바로 인스타툰은 그 특성상 각 계정의 만화의 성격에 따라 해당 툰 분야에 관심이 많은 독자들에게 가장 노출이 잘 될 수 있는 마케팅의 최적의 조건을 갖추고 있기 때문이다. 예를 들어 헬스 툰 계정에는 운동을 좋아하는 독자층이 대부분 해당 인스타툰을 구독할 것이고, 육아 툰 계정은 아이를 양육 중인 엄마 독자층이 대부분 해당 인스타툰 계정을 구독하고 있을 것이다.

그러니 기업입장에서는 다른 마케팅보다 이미 자신들이 원하는 타겟층이 모여 있는 인스타툰 계정에 일정 마케팅비용을 지불하고 (심지어 타 미디어 송출 마케팅 효과 대비 비용에 비하면 저렴하기까지 하다. 게다가 콘텐츠 제작도 인스타툰 작가가 제작하니 기업이 별도로 제작하지 않아도 된다.) 콘텐츠 홍보를 하는 것이 기업 입장에선 굉장히 효율적이다.

자, 그렇다면 인스타툰 작가는 단순한 웹툰 작가일까? 적어도 필자의 생각에는 그렇지 않다. 인스타툰 작가는 웹툰 작가

이자, 인플루언서이자, 스토리텔러(이야기꾼)이자, 동시에 1인 마케터이다.

인스타툰 작가는 기업이 의뢰하는 제품이나 서비스의 내용과 그 소구점을 잘 파악하여 자신만의 그림과 스토리로 재미있게 표현해 마케팅 효과를 극대화할 수 있는 인스타툰 콘텐츠를 제작해야 한다.

그래서 나는 아직도 매달 마케팅 강의를 결제해 듣고, 마케팅 관련 책을 수 권 씩 사서 읽는다. 인스타툰을 단순히 취미로 하는 게 아니라 매 달 월급 혹은 그 이상의 수입을 벌고 싶어 시작한 경우라면 꾸준한 마케팅 공부와 마케팅 트렌드 파악은 필수이다.

# 인스타툰의 피드는 피드가 아니다

앞서 말한대로 인스타툰 작가가 단순한 웹툰 작가가 아니라면 인스타툰 계정의 피드는 어떻게 활용해야 할까? 인스타툰 계정의 피드를 어떻게 활용하느냐에 따라 인스타툰 작가의 수입 파이프라인이 다양하게 달라진다. 인스타툰 계정에서 '인스타그램 피드'는 계정주인 작가의 일종의 '포트폴리오'이다. 이 포트폴리오 피드를 어떻게 쌓아가느냐에 따라 앞으로 나의 수익 방향이 달라진다.

각 브랜드의 마케터들은 인스타그램의 탐색 탭(인스타그램에서 랜덤으로 인기게시물을 보여주는 피드, 제일 하단 돋보기 모양 아이콘을 클릭하면 볼 수 있다.)이나 특정 해시태그를 통해 각 브랜드의 톤앤매너에 맞는 인스타툰 계정을 탐색한다. 그 후 마케터는 눈에 띄는 계정에 들어와 가장 먼저 보게 되는 것이 바로 해당 계정의 포트폴리오인 '피드'이다. 그래서 이 '피드'에 무엇을 어떻게 올리느냐가 굉장히 중요하다. 인스타툰 작가들이 만화의 시리즈별로 일관되게 표지를 제작해 제일 앞 페이지에 두는 이유도 바로 이 이유이다. 제일 앞에 이렇게 표지를 두게 되면 전체 피드가 정리되어 보일 뿐 아니라 탐색 탭에서도 눈에 쉽게 띌 수 있다. 마치 유튜브에서 자극적인 썸네일을 발견하게 되면 해당 영상을 클릭해 보게 되는 것과 같은 원리이다.

나는 처음 인스타툰을 시작할 때 브랜드 제품 광고가 들어오기 전에도 내 계정의 성격인 '육아'에 어울리는 '육아용품' 제품 리뷰를 인스타툰으로 그려서 올려놓았다. 당시에 나는 아무 경력도 없었고, 대중에게 알려지지도 않았기 때문에 기업 마케팅 담당자에게 보여줄 포트폴리오를 건설해내는 게 우선이라고 생각했기 때문에 내가 직접 사용해본 제품들을 별도의 원고료가 없이 그려 올렸다.

그리고 다양한 SNS 웹툰 공모전에 참여했다. 요즘에는 인터넷에 '공모전 플랫폼'을 검색하면 내가 참여할 수 있는 분야별 공모전을 한 눈에 쉽게 볼 수 있게 정리해둔 플랫폼이 많이 나온다. 이 중에 내가 자신 있는 분야의 공모전에 참여하면 상금도 받을 수 있고, 여기서 받은 상장은 고스란히 내 인스타툰 계정 피드에 올려놓고 포트폴리오로 사용했다. 인스타툰을 막 시작해서 해당 분야의 경력이 없던 나를 대중에게 인스타툰 전문가로 증명할 수 있는 수단이 바로 '공모전 수상'이었던 것이다.

이 외에도 인스타그램 피드의 컬러 톤을 예쁘게 맞춰 두거나 따뜻한 동화책 느낌의 그림으로 맞춰 두는 경우에는 동화책 삽화제안이나 일러스트 외주 제안이 오기도 한다.

그래서 인스타툰 작가는 자신이 운영하는 계정의 피드를 포트폴리오 생각하고 자신의 강점을 잘 드러낼 수 있는 요소들로 잘 만들어 놔야 한다.

## 인스타툰이 돈을 벌 수밖에 없는 원리

인스타툰으로 돈을 벌고 싶다면 인스타툰이 돈을 벌 수밖에 없는 원리를 먼저 깨달어야 인스타툰 수익화를 조금이라도 빠르게 계획할 수 있다.

일단 인스타툰이 돈을 벌 수밖에 없는 가장 기본 원리는 두 가지이다. 첫 번째는 '사람이 모이는 곳에 돈이 모인다.' 두 번째 원리는 '소비로 이어지는 신뢰 형성'이다.

첫 번째 '사람이 모이는 곳에 돈이 모인다.'는 쉽게 과거 지하철 광고판이나 광화문 건물 탑 층 옥외광고판, TV광고 등을 생각하면 쉽다. 마케팅의 가장 기본은 '노출'이고 대중은 평소 무의식 중 노출이 많이 되었던 제품이나 서비스를 고르게 된다. 예를 들어, 누가 그렇게 하라고 강요하거나 가르치지도 않았는데 소화가 안될 때 약국에 가서 무의식 중 머리 속에 반복학습 되어있는 소화제 브랜드명을 얘기한다든가, 커피가 마시고 싶을 때 잘 알려진 프랜차이즈 커피숍을 찾게 되는 행위가 그렇다.

이렇게 대중은 갑자기 무언가 필요할 때 평소 무의식 중에 많이 들어본 브랜드를 자기도 모르게 신뢰하고 먼저 찾게 되기 때문에 각 브랜드는 신제품이 출시되었을 때 대중에게 다양하게 많이 노출하길 원한다.

그렇기 때문에 '사람이 많이 모이는 곳'에는 당연히 늘 광고 제안이 온다. 그래서 예전에 온라인 시장이나 SNS시장이 많이 발달하기 전에는 기업에서 사람들이 많이 모이는 서울의 중심부 건물 옥외 광고판이나 사람들의 이동이 잦은 대중교통 광고판, 혹은 온 가족이 인기드라마를 보기 위해 모여 앉아있는 시간대에 TV송출 광고 등에 광고비 투자를 많이 했다. 그런데 이제는 시대가 바뀌었다. 온라인과 오프라인 세상이 공존하고 있고, SNS의 급속한 발달로 인해 사람들이 직접 특정 장소에 모이지 않아도 쉽게 사람을 모을 수 있는 것이 기능해졌다.

현대사회에서는 온라인 세상에서 사람들을 한데 모으는 능력이 있는 사람들을 '인플루언서' 라고 부르기도 한다. '인플루언서'라는 말의 뜻은 쉽게 말해 '대중에게 영향력을 미치는 사람'인데, 많은 사람들이 보고 있는 만큼 많은 사람들에게 쉽게 영향을 미친다. 몇 만, 몇 십만의 팔로워가 보고 있는 '인플루언서'의 계정은 그 계정 자체로 옥외 광고를 걸 수 있는 온라인 건물을 소유하고 있는 것이나 다름없다. 인플루언서가 특정 제품을 사용하고 있는 사진 한 장만 업로드 해도 해당 제품은 그 인플루언서를 팔로우하고 있는 몇 만 혹은 몇 십 만 대중에게 사진이 모두 노출이 된다. 무의식 중 노출이 된 제품은 대중의 머리 속에 익숙한 제품으로 자리잡고 다음에 해당 제품군 구매 시 구매결정에 영향을 미친다.

그 중 인스타툰 계정은 재미있는 스토리 등의 이유로 팔로워(구독자)를 빠르게 모을 수 있다는 특성이 있고 기업 마케팅 담당자들은 이렇게 대중에게 노출이 용이한 인스타툰 계정을 통한 광고를 지속할 수밖에 없는 것이다. 게다가 대부분 각 인스타툰의 소재가 정해져 있는 인스타툰 특성상 육아 툰,

헬스 툰, 다이어트 툰, 직장인 툰 등 기업에서 원하는 소비자 타겟층이 기업에서 따로 모으려 노력하지 않아도 이미 모여 있는 경우가 많기 때문에 확실히 인스타툰 시장은 기업 마케팅팀 입장에선 광고비 대비 좋은 효과를 낼 수 있는 곳이다.

인스타툰이 돈을 벌 수밖에 없는 두 번째 원리는 '소비로 이어지는 신뢰 형성'이다. 인스타툰 작가가 일반 웹툰 플랫폼에

서 연재하는 작가와 가장 큰 특징은 '독자와 소통을 할 수 있다'는 점이다. 작가는 원고만 게시하고 독자는 일방적으로 댓글만 남길 수 있다는 일반 웹툰 플랫폼 연재와 다르게 인스타툰 작가는 댓글, 스토리, DM(다이렉트 메시지) 등을 통해 독자와 직접적인 소통이 가능하다. 그래서 인스타툰 작가는 연재 내용이나 연재 방향에 대해 독자와 협의 후 그 방향을 독자와 함께 결정해 나가기도 하고 독자와 온라인 친구처럼 지내기도 한다. 이렇게 작가와 독자가 가까이 지내면서 친밀감이 형성이 되고 독자와 인스타툰 작가 사이에는 신뢰감이 형성이 된다.

이런 신뢰감은 해당 작가가 판매하는 제품에 대한 소비로 이어지게 된다. 인스타그램을 통한 브랜디드 광고 협업이나 공동구매를 진행하게 되면 '작가님 믿고 구매했어요!' 라는 댓글 혹은 DM을 종종 접하게 된다. 이렇게 작가와 독자 사이에 형성된 끈끈한 신뢰감과 친밀감은 쉽게 소비자의 구매로 연결된다.

또한, 팔로워(독자)는 자신이 좋아하는 작가이기 때문에 해당 작가가 경제적으로 어려워져 연재를 그만두기를 바라지 않는 마음에 작가가 판매하는 물건을 구매하기도 한다. 작가를 향한 일종의 '지지' 또는 '후원'인 것이다.

이렇게 독자와 작가 간의 신뢰감을 형성하기까지는 오랜 시간이 걸리며 하루아침에 되는 것은 아니다. 대중이 필요로 하는 좋은 콘텐츠를 꾸준히 발행하고 독자와 꾸준히 소통해온 시간들이 쌓여 이런 신뢰감 혹은 친밀감이 쌓이는 것이다. 또한 인스타툰 작가는 이렇게 자신을 믿어주는 독자들을 위해 제품, 서비스 광고를 할 때에는 미리 충분히 사용을 해보고 정직하게 광고 콘텐츠를 제작해야 한다.

# PART 2 생산자의 관점으로

# 인스타그램 이해하기

# 콘텐츠 소비자에서 콘텐츠 생산자로

현대사회에서 대부분의 사람들이 콘텐츠를 소비한다. 콘텐츠를 소비한다는 건 늦은 저녁 일과를 끝내고 온라인에서 흥미 있는 영상을 시청한다는 것, 독서를 하는 것, SNS에서 다른 사람의 포스팅을 구경하는 것, 웹툰을 보는 것, OTT 콘텐츠를 시청하는 것 등 다양한 형태로 이루어진다.

나도 두 아이를 키우는 동안 꽤 많은 콘텐츠를 소비해왔다. 특히, 주변에 육아정보를 얻을 수 있는 친구가 없었기 때문에 온라인 카페나 SNS를 통해 다른 사람들이 공유한 육아정보와 육아상품에 관한 글과 사진을 보며 육아를 했기 때문에 굉장히 많은 시간을 온라인 콘텐츠를 소비하는 데에 투자하였다. 아이를 재우고 스마트폰을 끝없이 스크롤하며 콘텐츠를 소비하였다.

이 글을 읽고 있는 당신도 다양한 방식으로 하루의 많은 시간을 투자하여 다른 사람이 만든 콘텐츠를 소비하고 있을 것이다. 그렇지만 온라인에서 콘텐츠로 수입을 얻고 싶다면 당신은 이제는 콘텐츠에게 다른 방식으로 접근하여야 한다. 바로 콘텐츠 소비자가 아닌 콘텐츠 생산자로 역할을 바꾸어야 하는 것이다.

더 이상 콘텐츠를 보는 것에 그치지 말고, 해당 콘텐츠가 누구를 타겟으로 하고 있는지, 이 콘텐츠를 업로드하고 대중이 소비하게 됨으로 해당 콘텐츠 제작자가 어떤 이득을 얻는지, 이 콘텐츠로 얻게 되는 수입의 수익구조는 어떻게 이루어지는지 분석해야 한다. 그리고 그렇게 분석된 결과물을 끊임없이 자신의 콘텐츠에 적용하고 시도해보면서 자신만의 수입구조를 마련해야 한다.

더 이상 다른 사람의 콘텐츠만 소비하는 행동은 그만두고, 지금 당장 자신만의 콘텐츠를 생산하는 콘텐츠 생산자가 되어보자.

# 인스타그램 계정의 종류

월세 받는 인스타툰 계정을 시작하기 전 인스타그램 계정의 종류를 먼저 파악해야 하는 이유는 먼저 인스타그램을 보는 시선과 인식을 바꾸기 위해서이다.

내가 인스타그램으로 돈을 벌 수 있다는 사실을 알기 전까진 나에게 인스타그램은 그저 아이들과 나의 일상 사진을 공유하는 일기장에 불과했다. 그러면서 '언젠가는 나도 팔로워가 많아져서 협찬 같은 게 들어올 일이 있지 않을까?'라는 말도 안 되는 생각을 한 적도 있었다. 하지만 절대! 계획 없이 시작한 인스타그램 계정은 수익을 가져올 리 없다.

내가 스타나 절세 미녀가 아닌 이상 내 얼굴 사진은 나와 우리 엄마 눈에만 예쁘고, 내 아이들 사진은 나와 나의 지인 및 가족들만 귀여워 보인다. 이런 계획 없는 사진들로 절대 인플루언서나 수익계정이 될 수 없다.

이게 바로 우리가 인스타그램 계정의 종류를 먼저 파악해야 하는 이유이다.

수많은 계정을 단 몇 가지 종류로 정리할 순 없겠지만, 가장 많이 운용되는 유형 몇 가지를 미리 파악을 하고 나면 내가 만들어야 할 계정의 방향성이 어느 정도 잡힐 것이다.

### 1) 브랜드의 마케팅 계정

: 우리가 흔히 알고 있는 대기업, 중소기업들이 마케팅의 일원으로 운영하고 있는 공식 계정이다.

'브랜드가 나와 대체 무슨 상관이야?'라고 생각하지 말고, 꼭 인스타그램 계정을 잘 운영하여 매출을 올리는 데 큰 역할을 하고 있는 브랜드의 계정들을 꼭 한 번씩 보고 분석해 보길 권장한다.

소비자 중 가장 경제활동에 활발히 종사하고 있어 구매력이 큰 연령층인 '30~40대'의 대부분이 SNS를 하기 때문에 브랜드들의 SNS 마케팅은 절대 피해 갈 수 없는 시대이다.

SNS에 관심이 없는 사람들이라면 SNS 마케팅이 왜 매출에 영향이 가는지 모를 수도 있겠지만, SNS는 내가 한 번 팔로우를 누르면 팔로우를 취소하기까지 굉장히 오랜 시간이 걸린다. 그 방법이 어려워서가 아니라 굳이 팔로우를 취소할 이유가 없기 때문이다.

그렇게 한 번 팔로우를 시작한 계정의 사진이나 콘텐츠가 내가 굳이 찾아 들어가지 않아도 습관적으로 SNS 계정만 열면 스마트폰 화면에 뜨게 되고, 이는 소비자에게 광고를 노출할 수 있는 아주 좋은 시스템이다. 옛날 우리 TV 광고를 생각해 보자. TV를 틀거나, 내가 좋아하는 드라마를 보려면 내 의지와 상관없이 광고를 꼭 볼 수밖에 없었고, 많은 사람들이 TV보다 스마트폰, 특히 SNS앞에 더 오랜 시간 앉아있는 요즘에는 그 광고가 SNS로 옮겨왔다. 대중은 SNS에서 무의식 중에 특정 브랜드와 특정 제품의 광고 콘텐츠를 소비하게 되고, 그렇게 무의식 중에 대중의 머리속에 자리잡은 그 광고 콘텐츠의 브랜드는 추후 소비자의 소비 의사결정 시에 영향을 미치게 되는 것이다.

그렇지만 SNS 광고 콘텐츠가 점점 많아지자 대중들이 SNS 광고에 느끼는 피로도가 점점 높아졌기 때문에 요즘 각 브랜드는 브랜드 인스타그램 계정을 운영하며 인스타툰, 캐릭터, 굿즈, 숏 폼 영상 등 다양하고 재미있는 콘텐츠를 제작해 다양한 콘텐츠 마케팅을 펼치고 있다.

이런 브랜드 계정은 기업 내 소속 마케팅 팀원들이 운영하기도 하지만 마케팅팀 규모가 작은 기업은 마케팅 대행사에 외주를 맡기는 경우도 있다.

이렇게 전문가들에게 비용을 지불하면서 계정 운영 대행을 위탁하는 브랜드 SNS계정의 콘텐츠는 마케팅 대행사의 다양한 콘텐츠 연구와 기획, 회의 등을 거쳐 제작 후 업로드 되기 때문에 팔로우한 뒤 주기적으로 콘텐츠를 받아보고 분석하다 보면 내 콘텐츠 제작 스킬도 향상시킬 수 있다.

## 2) 버추얼 인플루언서 계정

: 버추얼 인플루언서란 실제 현실에 존재하는 사람이 아닌 가상공간에서 존재하는 인플루언서를 말한다. 사람이 아닌 캐릭터나 3D, 2D 등의 다양한 형태로 존재한다. 예를 들어 옛날 사이버 가수 아담이 인플루언서가 되어 인스타그램 계정을 운영한다고 생각하면 쉽다.

내가 운영하는 인스타그램 계정의 주인공인 '주주맘'은 사실 인스타툰을 염두에 두고 시작한 게 아니었다. 나는 단순한 인스타그램 캐릭터가 아닌 '버추얼 인플루언서'를 만들고 싶었다. 일종의 '부캐' 같은 것이다. 그저 인스타툰 속 캐릭터에서 그치면 주주맘의 활동 범위가 너무 좁아질 것 같았고, 추후 인스타그램으로 수익이 났을 때 수익 파이프라인까지 좁아질 것이라고 생각했기 때문이다.

현재 '주주맘'은 그저 인스타툰 속 주인공이 아니다. 인터뷰 툰, 기자회견 툰 등의 콘텐츠를 통해 팔로워와 소통하며 온라인 친구와 같은 이미지를 통해 다양한 콘텐츠를 만들어 내고 있다.

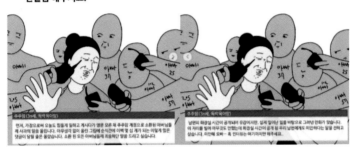

(▲만화 후기를 기자회견 툰으로 구독자와 소통하는 주주맘)

### 3) 인스타툰 및 일러스트 계정

: 인스타그램이라는 플랫폼에 자신의 그림이나 만화를 정기적, 혹은 비정기적으로 연재하는 계정이다.

사실 인스타툰은 화려한 그림실력이 없어도 간단한 그림체만으로 쉽게 인기를 끌 수 있다. 또한 다른 인플루언서 계정의 성장 속도에 비하면 빠르게 팔로우를 모을 수 있다. 진입장벽도 낮고 준비해야 할 장비도 간단한 편이어서 최근 많은 사람들이 인스타툰 계정을 시도하고 있다.

나는 미술을 전공했기 때문에 당연하게 그림 콘텐츠를 올리는 계정을 시작했지만, 미술을 전공하지 않았어도 본인이 소유하고 있는 펜 있는 스마트폰이나 태블릿 PC로 그림 계정을 시작하는 분들도 많다.

인스타툰 계정의 장점은 비슷한 내용의 콘텐츠라도 사람의 얼굴이 드러나는 계정보다 좋아요 나 댓글 수가 많다는 점이다. 이는 인스타툰과 협업하여 콘텐츠를 발행하려는 브랜드가 점점 늘어나는 이유이기도 하다.


### 4) 정보성 계정

: 사람들이 필요로 하는 특정 정보를 콘텐츠로 발행하는 계정이다. 그 정보의 형태는 글, 그림, 카드뉴스, 숏 폼 영상 등으로 다양한데, 형식은 다양해도 보통 타겟은 좁게 설정해야 계정 성장이 빠르게 된다. 예를 들어 요리하는 사람들에게 다양한 레시피를 전달하는 요리 계정, 가십거리를 즐기는 사람들에게 매일 스포츠, 연예계 소식을 큐레이션해서 전달하는 뉴스 계정, 육아맘들에게 다양한 육아 관련 정보를 전달하는 육아 계정, 주식하는 사람들에게 매일매일 경제뉴스나 소식을 전달하는 주식정보 계정 등이 있다.

(▲사람들이 궁금해할 만한 정보를 정리해 만든 콘텐츠를 지속적으로 발행하면 많은 사람들이 저장이나 공유를 누르기 때문에 인스타그램 알고리즘에 좋은 콘텐츠로 인식될 확률이 높아진다)

### 5) 유머 계정

: 인터넷에 돌아다니는 웃긴 짤, 영상, 사진 등을 큐레이션 해서 올리는 계정이다. 사람들은 일상생활을 마무리하고 잠들기 전 웃음이 필요한 사람들이 이런 계정의 콘텐츠를 소비한다.

이런 유머 계정의 특징 중 하나는 유머 짤 가장 마지막 페이지는 광고사진으로 채워진다는 점이다. 바로 이런 유머계정들의 주수입원은 대부분 이러한 광고사진 삽입이다.

## 6) 리뷰 계정

: 다양한 상품을 리뷰하는 리뷰 계정이다. 이런 계정은 보통 네이버 블로그를 프로필 링크에 연동하며 두 가지 플랫폼을 동시에 운영하며 두 플랫폼 모두에서 수익을 얻고 있는 경우가 많다.

 이런 리뷰 계정은 예전엔 별도의 특별한 콘텐츠를 만들지 않아도 자신이 구입하는 사소한 제품들 모두 핸드폰 하나로 사진을 찍고 자신의 총평을 글로 작성해 업로드만해도 계정 성장이 빠르게 이루어졌다. 그렇지만 요즘은 리뷰를 인스타툰으로 그리거나 숏 폼 영상으로 찍어 편집해 올리는 등 다양하고 특색 있는 콘텐츠로 제작해 올리는 계정이 인기를 얻는다.

## 7) 기타 계정

: 연예인들이 운영하는 연예인 공식 계정, 단순 개인 일상 계정, 카페에서 제품 홍보를 위해 운영하는 카페 계정, 자신이 운동하는 모습만 올리는 운동 계정, 변호사, 의사 등 특정 전문직에 종사하는 분이 운영하는 계정, 데일리 코디 계정 등등 수많은 종류의 계정이 있다.

# PART 3 인스타툰 시작 전 반드시 고민해야 할 사항

## 인스타툰 시작, 기획 단계가 먼저

 인스타툰을 시작하기 전에는 인스타툰 컨셉, 타겟, 시그니처 컬러 등 전체적인 큰 틀 기획을 먼저 시작해야한다. 이는 매우 중요한 단계인데 앞으로 인스타그램을 통한 내 수입 파이프라인의 방향 혹은 협업하게 될 광고 제품군 등에 영향을 미치기 때문이다.

## 주제와 구체적인 독자 타겟층 설정

인기있는 인스타툰 계정들을 살펴보면 모두 사람들에게 전하는 메시지, 즉 주제가 명확하다.

 요새는 변호사가 그동안 맡아온 다양한 사건의 내용을 그리는 변호사 툰, 간호사가 그리는 간호사 툰, 필라테스가 취미인 작가가 그리는 필라테스 툰, 나처럼 육아하는 엄마가 그리는 육아 툰 등, 작가 각자의 주제와 독자 타겟이 명확한 인스타툰 계정이 전반적인 일상을 모두 다른 일상 툰 계정보다 팔로워가 빠르게 늘어난다.

 특히 평균이 사라지고 있는 요즘 콘텐츠 소비 특성에 따라 인스타툰 계정도 해당 컨셉에서 더 구체화가 이루어졌을 때 더욱 빨리 성장하게 된다. 예를 들어 직장인의 일상 툰을 그린다고 했을 때 인스타툰을 봐줄 대상 독자를 '대한민국의 직장인' 으로 설정했을 때 보단 '퇴근하고 매일 운동을 가는 30대 여성 직장인' 이나 '내 월급 빼고 다 오르는 고물가 시대에서 매일 도시락을 싸고 자전거를 타고 출퇴근하며 일상에서 절약하는 방법을 찾는 20대 직장인' 처럼 독자 타깃을 최대한 좁히고 세분화하는 편이 팔로워를 빠르게 늘릴 수 있다. 이렇게 하면 먼저 정확한 소수의 구독자(팔로워)를 모은 후 그 소수의 구독자가 만들어주는 알고리즘으로 유료광고를 집행하지 않아도 다수에게 내 인스타툰 계정이 홍보될 수 있다. 평범한 직장인 일상내용의 인스타툰은 그렇게 팔로워가 어느정도 모인 후에 그리면 된다.

 나도 처음 육아 툰을 그리겠다고 생각했을 때 어떤 엄마들을 대상으로 어떤 분위기의 육아 툰을 그릴지부터 계획했다. 내가 운영하고 있는 계정인 '주주맘'의 전체적인 스토리는 '지친 육아 맘, 워킹 맘들이 아이들을 재우고 가볍게 웃으면서 볼 수 있는 콘텐츠를 제공하여 그들의 지친 마음을 위로' 하는 것이다.

내가 인스타툰 계정을 오픈했을 당시 이미 인기 있는 육아 일러스트 계정, 육아 정보성 계정, 육아 인스타툰 계정 등이 꽤 많았지만 대부분이 육아의 아름다운 모습, 감동적인 모습을 그려내는 계정이 대부분이었다. 감성적인 인스타툰을 보면 찡 한마음에 눈물이 나올 것 같기도 했지만 한 편으로는 '나만 힘든가?' '다른 엄마들은 육아가 다 아름답기만 한가?' 하는 생각에 나만의 스타일로 육아 이야기를 풀어내어 콘텐츠를 만들기 시작했다. 육아 툰 중에서도 독자 타깃을 세분화 한 점이 주주맘 인스타툰 계정이 빠르게 성장할 수 있던 비결이다.

## 닉네임과 아이디 설정

주제와 독자 타겟 세분화 계획을 마쳤다면 이제는 닉네임과 아이디를 무엇으로 할 지 계획을 세워야 한다. 인스타툰은 독자와의 소통이 중요하고 독자와 친구 같은 느낌으로 다가가는 것이 좋기 때문에 친근하면서도 한 눈에 들어올 수 있는 닉네임이 좋다. 나는 엄마들을 독자로 하는 인스타툰을 그릴 예정이었기 때문에 맘카페에서 흔히 볼 수 있는 닉네임으로 불리며 엄마들이 친근감을 느낄 수 있기를 바랐었고 불리기 쉽고 한 눈에 쏙 들어올 수 있도록 닉네임에서 받침은 배제하려고 했다. 그러한 결과로 첫째와 둘째의 태명에서 '주' 한 글자 씩 가져온 '주주맘'이라는 닉네임이 나온 것이다. '주주'같은 글자의 중첩으로 발랄한 분위기도 느껴지고, 엄마들이 일상에서도 친하게 지내는 엄마들에게 부르는 호칭인 '~~맘'을 사용하니 독자(팔로워)분들도 주주맘이라는 캐릭터를 통해 옆 집 엄마의 이야기를 듣고 댓글로 수다 떨듯이 주주맘 계정 안에서 편하게 활동하였다.

그리고 나서 해당 닉네임을 그대로 사용해 인스타그램 아이디를 'zuzu.mom'이라고 설정하였다. 아이디는 인스타그램 계정의 성격에 잘 맞고, 간단명료하게 작성하는 것이 좋다. 예를 들어 리뷰성 계정이라면 review.queen 이라든지, 주식 계정이라면 daily.stock.info 라는 식으로 작성하면 내 계정을 모르고 있던 사람도 인스타그램에서 내 계정을 발견했을 때 단번에 내 인스타그램 계정이 나에게 어떤 정보를 가져다 줄 지, 어떤 내용의 콘텐츠를 소비할 수 있도록 할 지 기대하고 예측하고 추후 구독(팔로우)으로 이어질 수 있기 때문이다.

## 시그니처 컬러의 설정

시그니처 컬러는 내가 처음 주주맘 캐릭터를 만들 때 가장 중요하게 생각했던 부분이다. 같은 그림이라도 어떤 색을 주조색으로 사용하느냐 에 따라 사람에게 주는 감정이나 느낌은 전혀 달라지며 색이 주는 의미와 힘은 강력하다고 믿고 있기 때문이다.

브랜드를 보면 각자의 시그니처 컬러가 있다. 예를 들어 햄버거 브랜드는 사람의 입맛을 돋우는 색인 빨간색을 주로 사용하고, 전자기기나 자동차 등을 만드는 브랜드들은 신뢰감을 주는 파란색을 사용하는 경우가 많고, 영유아 관련 제품을 제작 유통하는 브랜드는 따뜻하고 어린 이미지의 노란색을 브랜드 시그니처 컬러로 많이 사용한다.

이렇게 색이 주는 직관적이고 보편적인 느낌은 매우 중요하고, 인스타툰의 캐릭터를 만들어 나가는 과정은 하나의 브랜딩을 해 나가는 과정이기 때문에 시그니처 컬러의 설정은 필수적이다.

나는 처음에 발랄하고 긍정적인 느낌을 주는 노랑을 시그니처 컬러로 사용하고 싶었다. 그런데 시장조사 결과 노란색을 시그니처 컬러로 사용해 그리는 육아 툰이나 인스타툰이 너무 많았다. 그래서 노랑과 색상환에서 밀접하게 있는 유사 색 중에 주황을 시그니처 컬러로 선택하게 되었다.

주황은 따뜻한 느낌을 주는 색으로 활력 있고 명랑하고 친근한 느낌을 주기 때문에 기존에 계획했던 '지친 육아 맘, 워킹 맘들이 아이들을 재우고 가볍게 웃으면서 볼 수 있는 콘텐츠를 제공하여 그들의 지친 마음을 위로' 한다는 주주맘의 전체적인 컨셉과 딱 들어맞는 색이었다.

그리고 이후 이 주황색이라는 시그니처 컬러가 가져다 준 효과는 꽤 컸다. 주황색을 브랜드 아이덴티티로 사용하는 다양한 브랜드에서 광고 협업을 요청하는 경우도 많았고, 주황색을 로고에 사용하는 브랜드 몇 곳의 SNS계정에서 정기연재 제안이 들어오기도 했다.

 가장 좋은 점은 독자 분 대부분이 주황색을 보면 주주맘이 떠오른다며 대중의 머리속에 '주주맘'이라는 하나의 브랜드로 각인되는 점이다.

# PART 4 알고리즘의 이해

## 알고리즘이란?

　콘텐츠 소비자일 때는 알고리즘이라는 것에 상관없이 그저 내 SNS 피드에 무작위로 뜨게 되는 콘텐츠를 끊임없이 스크롤하며 소비했지만, 콘텐츠 생산자는 알고리즘을 필히 알고 있어야 한다.

　알고리즘은 원래 컴퓨터를 다루는 프로그래머들이 '반복되는 문제를 풀어내기 위한 일련의 절차 자체'를 일컫는 용어였는데, 지금 콘텐츠 제작자들이 말하는 알고리즘은 SNS 플랫폼 AI가 나의 과거 행동들을 바탕으로 나에게 적합한 콘텐츠를 추천해서 피드에 띄워주는 것을 말한다.

　이런 알고리즘을 잘 이해하게 되면 내 콘텐츠를 보다 많은 사람에게 알릴 수가 있다.

# 업로드 시작, 팔로우가 모이지 않는 이유

모든 계획을 세우고 인스타툰을 하나씩 올리기 시작한다. 봐주는 사람이 아직 없는 것 같아도 주 1~2회는 꾸준히 콘텐츠를 올린다. 꾸준한 업로드는 인스타그램 알고리즘에 도움이 된다. 특히 요즘은 인스타그램 알고리즘이 기존의 대형 계정보다는 신규 계정을 탐색 탭에 띄워주는 경우가 많기 때문에 꾸준히 업로드를 한다면 초반에 빠르게 팔로워를 모으는데 도움이 된다.

팔로우가 모이지 않는 이유는 대략 두 가지로 추론할 수 있는데 첫번째는 내 콘텐츠가 사람들이 필요로 하는 콘텐츠가 아니거나 기존 게시물이 너무 적은 경우이다.

첫 번째 내 콘텐츠가 사람들이 필요로 하는 콘텐츠가 아닌 경우에는 더욱 질 좋은 콘텐츠를 생산하는 데 노력을 쏟아야 한다. 질 좋은 콘텐츠는 그림을 아주 잘 그리고 밀도가 높은 콘텐츠가 아니다. 채색이 없이 선만 있는 인스타툰이어도 그저 사람들이 필요로 하는 내용이면 그게 바로 질 좋은 콘텐츠이다.

다른 상업 인스타그램 계정들을 보다 보면 간혹 '상품권 드려요', '커피 쿠폰 드려요' 하며 홍보하는 인스타그램 계정들이 있다. 사람들의 반응은 어떠할까? 당연히 엄청 좋다. 왜냐면 현금, 커피 쿠폰은 모두가 필요로 하는 것이기 때문이다. 이렇듯 인기 있는 계정은 사람들에게 '필요한' 계정이어야 한다.

꼭 물질적으로 필요한 계정을 말하는 것이 아니다. 만약 당신이 심리학을 전공했다면 '자주 싸우는 부부의 심리'에 대해 풀어 피드에 노출하고, DM으로 무료 상담을 받는다고 글귀 하나 작성한 후, 상담한 기록들을 피드에 하나씩 풀어낼 수도 있다.

상담 심리는 시중에서 꽤 큰 비용을 지불하고 받을 수 있는 것 중에 하나인데 이렇게 온라인으로 상담을 해줄 수 있다면 당신이 운영하는 계정은 사람들에게 '필요한' 계정이 된다.

이렇게 하나씩 피드에 쌓인 콘텐츠는 당신의 포트폴리오가 되어 기업 등 강연에 초청될 수도 있고, 유료 상담을 진행하여 수입을 얻을 수도 있다. 이 때 상담할 능력만 있고 툰을 그릴 능력이 없다면 무료로 템플릿을 제공하는 그래픽 툴 플랫폼을 이용해 제작해 인스타툰을 제작해 업로드해도 되고, 재능마켓에서 그림작가에게 일정 비용을 지불해 기획안만 제시하고 그림은 그림작가에게 위탁해 업로드해도 된다.

이 외에도 꼭 대단한 능력이 없더라도 사람들에게 '필요한' 계정이 되는 방법은 많다. 팔로워가 쉽고 빠르게 모이는 계정 중 하나가 '유머' 계정인데 사람들은 '유머'와 '웃음'을 늘 갈구한다. 포털에 돌아다니는 오래된 유머 짤 들을 큐레이션 한 계정은 유머를 찾는 사람들에게 '필요한' 계정이 된다.

나의 주주맘 계정도 웃음이 필요한 육아로 지쳐 있는 육아맘 들에게 육아 유머를 제공하는 육아 맘, 육아 대디에게 '필요한' 계정이었기 때문에 빠르게 구독자가 모일 수 있었다.

내가 올리는 인스타툰에 좋아요는 많이 눌리는데 팔로워가 모이지 않는다면 이는 기존에 올려놓은 콘텐츠가 너무 적은 경우이다. 누군가 탐색 탭에서 내 인스타툰이 재밌어서 내 계정을 들어와보았는데 피드가 텅텅 비어 하얀색이라면 금방 계정을 이탈하게 될 확률이 크다. 그 시기에는 일단 피드를 내 포트폴리오로 꾸며 놓는다는 생각으로 꾸준히 기존 콘텐츠를 쌓아 나가는 게 중요하다.

# 2000팔로워가 모이기 전까진 꾸준함이 반이다

2000명의 팔로워가 모기 전까지는 꾸준히 콘텐츠를 올리는 게 반이다. 최소 6개월 동안 주 2~3회의 콘텐츠를 발행했다고 가정한다면 약 100여개의 콘텐츠가 계정 피드에 쌓일 것이다. 계정에 최소 100여개의 콘텐츠는 쌓아 놔야 콘텐츠 노출 빈도의 가능성도 높아지고 처음 유입된 인스타그램 유저도 내 계정에 관심을 갖을 수 있다. 잘 만든 콘텐츠를 이렇게 꾸준히 올렸다면 최소 1-2천명의 팔로워가 모였을 것이다. 만약 그렇지 않다면 내 콘텐츠의 질과 내용을 재점검해볼 필요가 있다.

팔로워 구매 같은 편법을 이용하지 않고 오로지 내 콘텐츠로 만약 2000 여명의 팔로워가 모였을 때 이 팔로워들은 분명 내 콘텐츠의 찐팬일 것이다. 나를 응원해주는 찐 팬이 1000명만 모여도 어느 사업을 해도 성공할 수 있다고 한다.

실제로 인스타그램에 콘텐츠를 올리며 공동구매를 진행하는 사람들 중에 맞팔 품앗이 등으로 모인 의미 없는 팔로워 1만명의 계정을 운영하는 사람보다 진정으로 내 콘텐츠를 즐겨보는 사람들로 모인 1000명의 팔로워의 계정을 운영하는 분의 매출이 훨씬 좋은 경우를 많이 봤다.

그렇게 진성으로 모인 2000명의 팔로워 중에는 마케터나 벤더사 직원, 출판업계 종사자가 있을 가능성도 있다. 그래서 약 2000명의 팔로워가 모인 순간부터 DM(다이렉트 메시지)으로 크고 작은 제안들이 들어오기 시작한다. 이 때는 큰 원고료를 받는 광고제안보단 협찬이나 공동구매 제안이 많이 오는 편이다. 드물게 장기연재 제안이나 출판 제안이 들어오는 경우도 있다. 실제로 주변에서 3000팔로워가 채 되지 않을 때 출판 제안을 받고 바로 출판을 진행한 분도 있었다.

물론 2000명의 팔로워가 모이기까지 아무런 수입도 없이 꾸준히 콘텐츠를 만들이 올리는 게 쉬운 일이 아니라는 것을 알고 있다. 하지만 그 인내의 시간을 견뎌내면 어느 순간 인스타그램을 통해 내가 상상한 것 이상의 다양하고 많은 기회가 온다. 포기하지 않고 꾸준히 노력한다면 반드시 달콤한 열매를 얻을 수 있을 것이다.

# 광고없이 0원으로 10k 팔로워 만들기- 4유도의 법칙

인스타그램에는 '알고리즘'이라는 게 있다. 2022년 초 인스타 그램에서는 알고리즘을 폐지할 것이라고 발표했지만 아직은 여전히 이 알고리즘은 계정 성장에 중요한 요소로 작용하고 있다.

AI가 만들어내는 알고리즘을 100프로 파악하고 있는 사람은 없겠지만 일단 기본적으로 '탐색 탭'에 오래 노출되는 게 가장 중요하다. 인스타그램의 탐색 탭은 사람들에게 랜덤으로 여러 콘텐츠를 노출해 주기 때문에 처음 내 콘텐츠를 접한 인스타그램 유저가 내 계정을 팔로우 할 수 있는 아주 중요한 역할을 한다.

탐색 탭 외에도 각 해시태그를 검색했을 때 나오는 콘텐츠 검색결과에서 상단에 노출되는 것도 중요하다. 해시태그는 인스타그램의 검색 기능으로 여전히 중요하다.

인스타툰 계정이라면 #인스타툰 #웹툰 등의 포괄적인 주제의 해시태그를 포함해서 #부부인스타툰 #직장인툰 #육아툰 등의 하위주제 개념의 해시태그까지 꼼꼼히 달아주는 게 굉장히 중요하다. 이 하위주제 개념의 해시태그를 검색했을 때 콘텐츠가 상단에 노출되면 해당 콘텐츠를 통해 굉장히 많은 팔로워가 유입이 되기 때문이다.

육아 정보 채널이라면 #육아정보 라는 키워드만 해시태그로 사용할 것이 아니라 그 해시태그를 검색할 만한 사람들이 또 검색할 만한 해시태그들을 더 붙여야 한다. 나도 게시물을 하나 올릴 때 육아 툰 계정을 운영하면서도 #30대 #육아스타그램 #육아맘 #초보맘 #일상툰 등의 관련 있을 법한 해시태그를 추가로 댓글에 달고 있다. 이렇게 구체적인 해시태그 작업이 끝났다면 이제 인스타그램 알고리즘을 통해 탐색 탭에 노출될 수 있는 콘텐츠를 게시해야 한다. 나는 탐색 탭에 노출될 수 있는 콘텐츠를 올리는 몇 가지 방법에 '4 유도의 법칙'이라는 네이밍을 하였다.

내가 말하는 4 유도에는 '참여 유도', '저장 유도', '댓글 유도', '태그 유도'가 있다.


1) 참여 유도

: 말 그대로 내 콘텐츠 게시물에 팔로워의 참여를 유도하는 것이다.

참여란 댓글, 좋아요, 리그램, 태그 등이 모두 포함되는데 보통 브랜드 계정에서 제품 무료 체험단 등의 이벤트를 열면서 댓글에 '이 콘텐츠와 비슷한 당신의 경험을 알려주세요' 또는 '본 게시물을 리그램 해주세요' '친구 계정을 태그 해주세요' 등의 요청을 하는 게 대표적이다.

팔로워에게 일정 대가를 지불하고 내 계정의 홍보를 같이 해줄 수 있도록 요청하는 것이다. 인스타그램 알고리즘에서 인기 게시물에 노출이 되려면 다수의 좋아요, 댓글, 공유, 리그램, 태그, 저장 등의 행동이 복합적으로 많이 이루어져야 한다.

그렇게 콘텐츠에 대한 다수의 팔로워의 다양한 행동이 복합적으로 이루어졌을 때 인스타그램 알고리즘 AI는 해당 게시물을 많은 사람들이 좋아하는 콘텐츠로 인식하여 탐색 탭 상단에 오래 노출시켜준다. 탐색 탭에 노출이 오래될수록 팔로워의 계정 유입은 커진다.


2)  저장 유도

: 최근에는 인스타그램에서 탐색 탭에 노출될 때 좋아요의 중요도 비중이 많이 줄었고, 대신 댓글이나 저장, 공유 등의 중요도가 높아졌다.

이때 게시물 저장을 많이 유도하려면 대부분 정보성 콘텐츠가 유리하다. 반찬 레시피, 자취생 식단 레시피, 예매 할인 꿀팁, 4월에 하는 전국 꽃 축제 모음, 가성비 펜션 리스트 등 수많은 정보성 콘텐츠들이 있는데 시기와 타겟을 잘 맞춰 올린 정보성 콘텐츠는 사람들의 저장을 유도하고 저장 수가 많은 콘텐츠는 탐색 탭 상단에 노출된다.

이런 정보성 콘텐츠는 시간만 조금 필요할 뿐 누구나 만들 수 있다. 예를 들어 4월이 되기 전 벚꽃을 보러 가는 사람들이 많을 것을 유추하여 '전국 벚꽃 명소 베스트 5'라는 콘텐츠를 만들 수 있다. 먼저 '전국 벚꽃 명소 베스트5'라는 제목을 콘텐츠 첫 페이지에 뽑아내고, 네이버 등 포털에 벚꽃축제 예정지를 검색한 후 그 정보들을 큐레이션 하여 1:1 인스타그램 사진 비율의 콘텐츠로 제작하여 업로드하면 되는 것이다.

이때 포토샵이나 일러스트 기술이 없어도 상관없다. 요새는 기본 핸드폰 사진 꾸미기 기능이나 사진 꾸미기 앱이 무척 잘 되어있어서 조금의 시간을 투자하여 편집한 후 업로드하면 되기 때문이다.

이때 주의할 점은 사진 저작권에 관련한 문제인데 개인이 찍은 사진을 함부로 사용하면 저작권 문제에 휘말릴 수 있지만 여행 주최 측에서 찍은 사진을 홍보를 위해 사용한다며 허락을 받고 사용한다면 주최 측은 무료 홍보가 이루어지는 것이니 흔쾌히 OK 할 것이다.

3) 댓글 유도

: 게시물을 올린 직후 몇 시간 동안 얼마나 많은 댓글이 쌓이
느냐 도 인스타그램 탐색탭에 노출되는 중요한 역할을 한다.

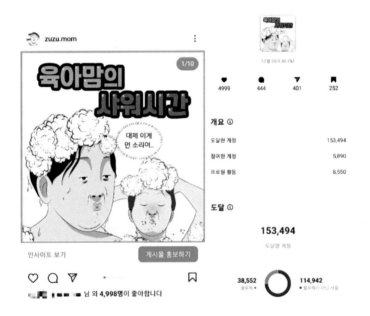

그 예로 상단 사진은 2022년 12월 주주맘 계정에 업로드 했던 인스타툰 게시물 중 하나의 인사이트를 가져온 것인데, 게시물을 올리자마자 콘텐츠 내용이 많은 분들의 공감을 얻게 되어 400개 이상의 댓글이 달렸고, 좋아요 수와 공유 등의 반응도도 좋게 나타났다. 그로 인해 이 게시물은 저 당시 팔로워 수인 4만 3천여명의 약 4배에 가까운 수인 1만5천여 뷰에 도달했다. 인스타그램 알고리즘이 좋아하는 행동들이 다수에 의해 복합적으로 이루어졌고, 그 결과 여러 사람의 탐색탭에 노출되게 된 것이다.

위의 콘텐츠는 사람들에게 공감을 많이 얻는 내용 그 자체로 댓글이 자연스럽게 많이 달렸는데, 댓글을 유도하는 가장 쉽고 간단한 방법은 질문으로 게시물을 끝내는 것이다.

예를 들어 눈이 오는 날 눈에 관한 콘텐츠를 올린 후 게시물 마지막에 '지금 첫눈을 함께 맞고 싶은 사람이 있나요?' 라고 댓글로 답을 할 수 있을 만한 질문을 남기는 것이다.

또한 나는 계정의 활성화를 위해 인스타툰 콘텐츠 업로드 외에도 사람들의 댓글을 유도할 수 있는 이벤트도 종종 진행하는데, 간단한 콘텐츠로 노출을 최대한 끌어낼 수 있는 좋은 방법이라 한 가지 사례를 공유해본다.

위의 이벤트는 계정 스토리에 평소 내가 먹던 음식들의 사진을 올리고, 팔로우분들이 무슨 음식인지 맞추는 놀이를 하며 소통하다가 갑자기 진행한 게릴라성 이벤트였다. 평소 계정 스토리에 올리는 음식 퀴즈 이벤트는 육아나 일에 지친 팔로워분들이 생활 중 소소하고 가볍게 웃을 수 있어서 위로와 공감을 많이 받아왔다. 거기서 콘텐츠 아이디어를 얻어 내가 먹던 짬뽕의 사진을 올리고, 팔로워분들의 짬뽕에 관한 경험담을 댓글로 남기는 이벤트를 진행하였다. 좋아요를 가장 많이 받은 댓글을 남긴 두 분께는 소정의 상품도 제공하였다. 물론 여기에 참여한 분들은 상품을 위해 참여한 것이 아니다. 그저 이런 소소한 이벤트가 사람들에겐 힘들고 지루한 일상

속에서 소소한 재미를 찾을 수 있는 일인 것이다.

예상대로 많은 분들의 댓글이 유도가 되었고 만화도, 퀄리티 있는 편집이 가미된 이 단순한 콘텐츠는 도달율이 약 5만7천

여 뷰가 나왔다. 이 5만 7천여 뷰 중 반 이상이 내 팔로워가 아닌 사람에게 도달이었다. 댓글 유도 하나로 역시 탐색 탭에 노출되게 된 것이다.


### 4) 태그 유도

: 인스타그램에는 @에 아이디를 덧붙여 태그 하면 해당 게시물로 불러올 수 있는 기능이 있다. 이 기능도 콘텐츠가 탐색 탭에 노출될 수 있는 중요한 역할을 한다.

한 번은 주주맘 콘텐츠 중 남편에 관련된 에피소드를 재밌게 풀어내어 올린 적이 있었는데 엄마들이 너무 공감이 된다며 다 남편들을 그 콘텐츠 댓글에 @로 소환 태그 하여 댓글이 순식간에 1000개씩 쌓인 적이 있었다.

이 게시물은 당연히 탐색 탭 상단에 노출되었고, 이때 계정에 한 주 만에 약 1000명의 팔로워가 늘어나게 되었다. 의도치 않게 댓글로 다른 사람들을 태그 하도록 유도하게 되었고 그 많은 댓글은 콘텐츠의 도달율을 높아주었다. 그리고 그 게시물은 몇 주 동안이나 탐색 탭 상단에 머물렀다.

여기서 댓글에 태그를 유도하게 된 핵심 요소는 '공감'이었다. 누구든 공감할 수 있는 일상을 콘텐츠로 녹여내었고, 어느 사람이나 그 콘텐츠를 보면 떠오르는 사람이 있어서 댓글로 태그, 소환을 할 수밖에 없었던 것이다.

이 방법 말고도 대중에게 댓글로 태그를 유도할 수 있는 방법은 다양하다. 예를 들어 앞에 말한 벚꽃여행지 콘텐츠를 올릴 경우 마지막을 '이 곳에 함께 가고 싶은 연인을 태그해주세요!' 등의 행동을 유도하는 문장으로 끝을 맺는 것이다.

아니면 이벤트를 열어서 소정의 상품을 제시하고 함께 참여하고 싶은 친구를 댓글로 소환하세요 등의 방법으로 태그를 유도할 수도 있다.

게시물 댓글에 내 계정을 팔로우 하지 않는 사람이 태그 되는 수가 많을수록 인스타그램 알고리즘 AI는 그 게시물을 인기 게시물과 참여가 많은 게시물로 인식하고 탐색 탭 상단에 오래 고정시켜준다. 이때 정말 많은 신규 팔로워를 유입 시킬 수 있다.

▲업로드하자마자 게시물로 남편을 태그 하는 댓글이 1000개가 넘게 달린 인스타툰 [볼일은 신속하게!] 콘텐츠

## 알고리즘=반응도

 위의 유도의 칙을 설명할 때 이미 눈치 챈 사람도 있겠지만 인스타그램의 알고리즘은 쉽게 말해 반응도라고 할 수 있다. 다양한 인스타그램 유저가 콘텐츠에 반응한 댓글, 좋아요, 태그, 공유, 저장 등을 인식하여 해당 콘텐츠를 좋은 콘텐츠인지 나쁜 콘텐츠인지 판단하고, 좋은 콘텐츠일 수록 노출 빈도수를 높이고, 반대로 나쁜 콘텐츠일수록 대중에게 노출되지 않도록 알아서 걸러내는 것이 바로 이 인스타그램의 알고리즘인 것이다. 그래서 우리는 양질의 콘텐츠를 지속적으로 생산해야 한다. 그리고 지나치게 상업적이거나 자극적인 콘텐츠, 혹은 거짓된 콘텐츠는 오히려 역효과를 불러일으킬 수 있고 반감을 일으킬 수 있다. 진실된 양질의 콘텐츠를 제작하여 대중과 소통하는 일, 그게 바로 인스타그램 알고리즘을 타서 계정의 수익화를 이루게 되는 핵심 비법이다.

# PART 5 인스타그램 알고리즘이 좋아하는 콘텐츠 만들기

# 인스타그램의 알고리즘

 인스타그램 알고리즘이란 인스타그램 각각의 유저의 좋아요, 클릭, 탐색 등의 행동을 기반으로 선호도, 취향 등을 고려하여 선별적으로 콘텐츠를 보여주는 인공지능 기술이다.

 예를 들어 주부인 내가 요리에 관심이 있어 요리 레시피를 설명해주는 계정을 팔로우하고 마음에 드는 레시피에 공감의 의미로 좋아요를 눌렀다면, 그 이후 인스타그램은 나에게 또 다른 레시피 콘텐츠나 음식 콘텐츠 게시물을 추천해 준다. 물론, 이 때 요리 관련 광고까지 내 피드에 무작위로 뜨게 된다. 이게 바로 인스타그램의 알고리즘이다.

 2022년 이전에는 팔로워 숫자가 많은 유저가 올린 게시물을 탐색 탭에 우선적으로 보여줬기 때문에 팔로워가 많은 계정일수록 더 팔로워를 모으기 쉬운 구조였다. 하지만 지금은 알고리즘 AI가 단순히 팔로워 수만 보고 콘텐츠를 노출시켜주지 않는다. 좋아요 수, 저장 수, 공유 수, 댓글 반응도 등 보다 다양하고 복합적인 요소를 고려하여 콘텐츠를 선정하여 탐색 탭에 노출시킨다.

인스타툰 작가들은 콘텐츠가 이렇게 탐색 탭 상단에 오랫동안 노출되는 것을 흔히들 '알고리즘에게 선택 받았다'라고 표현하기도 한다. 그 이유는 탐색 탭에 오래 노출될 수록 더 많은 수의 불특정 다수에게 내 콘텐츠를 홍보 시킬 수 있는 기회가 많아지고, 그것은 곧 팔로워의 증가로 이어지기 때문이다.

팔로워의 증가는 곧 수입의 증가로 연결되기 때문에 우리는 좋은 콘텐츠를 만들어 이 알고리즘을 잘 이용해야 한다.

인스타그램의 알고리즘은 자신만의 기준으로 좋은 콘텐츠를 선별하여 대중에게 노출시켜준다. 그렇다면 좋은 콘텐츠란 무엇일까?

## 그림실력보다 중요한 것

많은 팔로워를 모으려면 꼭 화려하고 대단한 그림 실력이 필요할까? 내 생각은 그렇지 않다.

 물론 전문 일러스트레이터처럼 화려한 채색과 기교가 들어간 그림을 업로드하는 일은 정말 멋있는 일이지만 인스타툰 시장에서는 그림의 개성과 그 내용이 더 팬덤 형성에 중요한 요소로 작용한다. 아무 채색 없이 검정색 선과 졸라맨 그림체로 그림을 그려도 8만팔로워의 독자들이 열광하는 인스타툰도 있고, 별 다른 그림 없이 글만 이미지로 재가공해서 올리는 계정도 3-4만 팔로워의 독자들이 구독하고 있기도 하다. 이런 계정들의 공통점은 콘텐츠의 내용이 진실되고, 사람들에게 필요한 내용이거나, 몰입력 있는 스토리가 담겨있다는 것이다.

 대중에게 인기있 콘텐츠의 핵심은 '내가 하고 싶은 말'이 아닌 '상대방이 듣고 싶어 하는 말을 해야 한다는 것'이다. 즉, 내가 염두해둔 타겟 독자가 '필요'로 하는 것과 그들의 '욕구'를 파악하고 그에 따라 내가 만드는 콘텐츠의 내용과 주제를 조정해야 하는 것이다. 그리고 내가 전달하려는 주제를 콘텐츠에 담아 대중과 소통하면 되는 것이다.

 이런 독자의 '필요'와 '욕구'를 파악하는 가장 쉽고 빠른 방법으로 타겟 독자들이 모여 있는 오픈채팅에 참여하거나 온라인 카페에 가입해 그들이 하는 말을 들어보는 것을 추천한다. 나는 지금도 인스타툰 아이디어가 떠오르지 않으면 맘카페에 들어가보곤 한다.

 작년 환절기 즈음 콘텐츠 소재 영감을 얻기 위해 맘카페에 들어가 요새는 엄마들이 무슨 고민을 하고 있는 지 게시 글들을 살펴본 적이 있다. 그런데 게시글 제목의 대부분이 아이가 열이 나고 아프다는 내용이었다. 아무래도 환절기라 날씨가 갑작스레 추워진 탓에 감기에 걸린 아이들이 많은 모양이었다. 생각해보니 우리 아이들도 그 당시 감기를 달고 살고 있었고, 소아과를 밥 먹듯이 드나들고 있었다. 그리고 나는 이렇게 두 아이를 번갈아 데리고 매주 소아과를 가고 있는데, 인스타그램에 미혼 인 친구들은 백화점이나 아울렛 등으로 쇼핑을 하러 다니는 모습을 보고 부러운 마음이 들기도 했었다. 그리고 나는 이 때 내가 느낀 감정을 유머스럽게 각색하여 콘텐츠로 만들어야겠다고 생각했다.

소아과라는 주제와 백화점이라는 비교대상을 놓고 '오픈 런'이라는 키워드를 생각해냈다. 그리고 이 주제와 키워드를 바탕으로 상황을 연출해 글 콘티를 작성하고, 글 콘티를 바탕으로 위의 네 컷의 인스타툰으로 그려내 업로드 하였다. 그리고 이 콘텐츠는 역시나 많은 엄마들에게 공감을 일으킬 수 있었다.

2022 10월 11 10:03 PM

그리고 3000개가 넘는 좋아요와 몇 백 개의 공유, 저장의 행동들이 이루어졌고, 이 네 컷의 인스타툰은 당시 주주맘 계정의 팔로워 수의 두 배가 넘는 수의 도달이 이루어졌다.

▲낙서 같은 그림체로 그렸지만 2000개가 넘는 좋아요와 10만에 가까운 도달율이 나온 콘텐츠

# 첫째도 공감, 둘째도 공감, 셋째도 공감

앞의 내용에서 눈치 챈 분도 있겠지만, 결국 인기있는 인스타툰 콘텐츠의 본질은 '공감'이라는 단어로 정리할 수 있다. 타겟 독자의 니즈와 관심사를 끊임없이 분석하고 이해하고 독자들이 직접 댓글, 공유 등의 활동으로 참여할 수 있는 콘텐츠를 만들어야 한다. 그저 흥미만 일으키거나 유익하기만 한 콘텐츠를 만드는 것으로도 인스타그램 알고리즘은 당신의 콘텐츠를 탐색 탭에 노출해 줄 수도 있다.

하지만 그 콘텐츠를 본 대중이 당신의 계정을 팔로우할 확률은 낮고, 그들이 당신 계정의 진짜 팬이 될 확률은 그보다 훨씬 더 낮다.

공감가는 콘텐츠를 만들고 대중과 그 콘텐츠를 이용해 진심으로 소통하는 일. 그게 바로 대중에게 인기있는 인스타툰 콘텐츠 제작자가 될 수 있는 방법이다.

## 지양해야 할 콘텐츠

  당신이 단순히 예술성만 추구하는 아티스트라면 그 어떤 콘텐츠를 만들어도 무관하다. 왜냐하면 예술작품이란 것은 내가 표현하는 그 무엇이든 내 철학을 담고, 그것의 예술성을 알아봐주는 대중이 있다면 그 자체로 예술작품이 될 수 있기 때문이다. 하지만 당신이 대중이 감탄하는 예술작품이 아닌 수입으로 연결되는 인스타툰을 제작하고 싶다면 반드시 지양해야 할 콘텐츠는 있다.

  첫째는 '성(性)'에 관련된 콘텐츠이다. 일단 인스타툰 계정을 운영하는 일은 하나의 브랜딩이기도 한데, 좋은 브랜딩은 결국 간단히 말하자면 '대중의 머릿속에 얼마나 좋은 이미지로 자리잡느냐'이다. 그런데 '성'을 비롯한 자극적인 주제는 댓글에서 대중끼리 서로 분란이 생길 확률도 높고, 추후 논란이 생겨 계정 운영에 어려움을 직면하게 될 수도 있다.

  물론 이렇게 자극적인 소재의 콘텐츠는 대중이 쉽게 소비하게 만들기 때문에 팔로워나 구독자를 빠르게 모을 수 있고,

그만큼 일회성 브랜디드 콘텐츠 광고 제안이 빠르게 들어올 수도 있다.

그렇지만 내가 지향하는 인스타툰 계정 운영 방식은 그저 부업으로 1~2년 부업 수준의 수입을 벌고 빤짝 하고 사라질 계정이 아니다. 나는 내 인스타툰 계정 '주주맘'이 인스타그램이라는 플랫폼이 없어지는 일이 있더라도 대중에 머릿속에 이미 '주주맘'이라는 브랜드가 좋은 경험과 기억으로 남아 추후 다른 플랫폼이나 제품 또는 서비스로 만났을 때도 대중이 기분 좋게 소비할 수 있는, 그런 하나의 브랜드가 되길 바란다.

이 때문에 나는 내 인스타툰 계정이 자극적인 소재의 콘텐츠를 발행해 일명 '떡상'하는 계정이 되기 보다는 내가 항상 추구하는 가치인 '지친 엄마들에게 위로와 재미를 줄 수 있는 주주맘'을 잃지 않고 조금 느려도 탄탄하고 건강하게 성장시키고 싶다.

그리고 '성'에 관련된 콘텐츠를 조심해야 하는 두 번째 이유는 인스타그램은 성에 관련된 이미지나 영상에 깊이 관여하기 때문이다. 성적인 행위를 영상시키는 사진, 영상 등 모든 종류의 콘텐츠는 인스타그램의 제지 대상이 된다. 계정이 일시 비활성화가 되어 수일간 로그인을 못하게 되거나 경고가 누적될 경우에는 심하게는 계정이 삭제되기도 한다.

실제로 살구색 운동복을 입은 자신의 거울셀카를 올렸다가 계정이 복구도 할 수 없도록 통째로 삭제된 경우도 봤고, 몇 년 동안 꾸준히 인스타툰을 올려 몇 만이 넘는 팔로워를 가진 작가님의 계정이 영구 정지된 경우도 보았다.

인스타그램은 이렇게 자신들이 정해 놓은 가이드라인에 맞지 않으면 통보나 예고없이 냉정하게 제지를 해버린다. 인스타그램이 사업수단인 사람들에게는 이는 정말 가혹한 일이기 때문에 이런 부분을 조심해서 운영해야 한다. 이것이 내가 성에 관련된 콘텐츠를 지양하는 가장 큰 이유이다.

두 번째로 지양해야 할 콘텐츠는 '우울'에 관련된 콘텐츠이다. 최근 들어 우울증을 겪었거나 정신과에 입원하는 등 트리거적 요소가 포함되어 있는 침울한 분위기의 콘텐츠가 탐색 탭에 많이 보이고 있다. 이런 주제도 자극적이기 때문에 대중이 쉽게 몰입하고 소비하게 되어 빠르게 팔로워가 모이곤 한다.

하지만 인스타툰 운영으로 수입을 내고 싶다면, 이런 종류의 툰을 그리는 것은 추천하고 싶지 않다. 대부분의 인스타툰 계정의 주 수입원은 브랜드와 협업하는 광고 수입인데 아마 그 어느 브랜드도 브랜드 이미지를 대중에게 우울하게 인식시키고 싶은 브랜드는 없을 것이다. 연예인이 브랜드 모델을 할 경우에도 브랜드에선 보통 대중에게 이미지가 좋게 각인되어 있는 연예인을 찾는 것처럼 인스타툰 광고도 마찬가지이다. 브랜드에겐 대중에게 인식되는 이미지가 굉장히 중요하기 때문에 자신들의 홍보를 대신해 줄 크리에이터를 찾을 경우 밝고 건강한 이미지를 가진 크리에이터를 찾는 게 당연하다.

또한 꼭 브랜디드 광고 협업 진행에만 계정 이미지가 영향을 미치는 것이 아니다. 요즘에는 인스타그램에서 어느 정도의 팬이 생기면 자기 자신의 제품을 개발해 시장에 출시하는 경우도 많은데 이 경우에도 그 동안 밝고 건강한 이미지를 잘 고수해 왔다면 선택할 수 있는 제품이나 서비스폭도 클뿐더러 대중에게도 더 많이 사랑받을 수 있다.

## 다음화가 기대되는 인스타툰

초창기의 인스타툰은 대부분 그림일기 식으로 그 날 그 날의 일상을 한 편 씩 기록하는 브이로그 형태의 콘텐츠가 대부분이었다. 그런데 인스타툰을 그리는 사람이 많아지며 그만큼 경쟁도 치열해진 요즘 인스타툰들은 중편, 장편으로 연재하여 팔로워를 모으는 방식을 취하는 경우가 많아지고 있다.

이 방법은 사실 팔로워를 빠르게 모을 수 있는 가장 쉬운 방법이다. 다만 스토리가 몰입력 있고 탄탄해야 효과가 있으며, 스토리를 끊어낼 때 사람들이 궁금해할 만한 부분에서 끊어야 효과가 있다.

나는 단편 콘텐츠와 시리즈 콘텐츠를 번갈아 발행하곤 하는데 그 인사이트를 살펴보면 시리즈 콘텐츠가 팔로워가 빠르게 늘 수 있게 해준다는 사실을 보여준다.

▲단편 인스타툰 [육아 맘의 샤워시간]

▲ 시리즈 인스타툰 [저체온은 처음이라]

　위의 두 콘텐츠 인사이트를 비교해보면 단편으로 제작되었던 [육아 맘의 샤워시간]은 29만이 넘는 사용자에게 노출되었고 좋아요도 아래의 시리즈툰보다 두 배는 넘 게 눌렸다. 그런데 여러 편으로 나누어 발행하는 시리즈 툰으로 업로드 된 [저체온은 처음이라] 콘텐츠는 노출 수나 도달수는 [육아 맘의 샤워시간]보다 적지만 프로필 방문수가 훨씬 높다. 그만큼 해당 시리즈의 뒤 내용이 궁금해 계정을 팔로우 하러 온 사람이 많다는 뜻이다.

　물론 이렇게 시리즈툰을 제작 할 땐 이 시리즈가 끝나고도 몰입도 있고 사람들이 재밌게 소비할 수 있는 콘텐츠를 지속해서 발행해야 한다. 그렇지 않으면 해당 스토리가 완결이 되는 동시에 '언팔로우' 로 구독자 대거 이탈이 이루어지는 경우도 있기 때문이다.

## 몰입력 있는 이야기꾼이 되어라

인간은 태어남과 동시에 다양한 방법으로 이야기를 접하며 살아간다. 엄마의 나긋하고 부드러운 목소리로 들려주는 이야 기부터 시작해서 책, 대중매체, 오랜만에 만난 친구, 학교 선생님, 광고, 소셜미디어 등 매일매일 일생동안 많은 이야기를 접하며 살아간다. 그리고 우리는 우리가 강력하게 몰입하게 되는 이야기에 열광한다.

연예인 못지 않게 유명해진 1인 크리에이터가 넘쳐나고, 크리에이터가 인기직업으로 떠오르며 매 년 새롭고 재밌는 크리에이터가 쏟아져 나오는 이 온라인 세상에서 우리는 어떻게 해야 대중에게 사랑받을 수 있을까? 나는 이런 고민을 하고 있는 당신에게 '몰입력 있는 이야기꾼이 되어라' 라고 얘기하고 싶다.

 영상, 사진, 그림, 목소리, 글 등 크리에이터가 대중과 소통하는 형태는 다양하지만 인기 있는 크리에이터는 모두 굉장히 훌륭한 이야기 솜씨를 갖고 있다. 대중에게 끊임없이 새롭고 흥미 있는 이야기를 들려주고 소통하여 대중의 공감을 얻는다. 그들이 들려주는 이야기는 기승전결의 요소가 탄탄하고 재미있거나, 발단-전개-결말의 이야기 구조가 매끄럽게 이어진다.

 주주맘이 주인공인 주주맘 인스타툰은 주주맘이 평소 육아 생활 중 흔하게 겪을 수 있는 일들을 몰입력 있는 스토리로 각색해 그려낸다. 발단 과정에서 주인공인 주주맘에게 어떤 사건이 닥쳐오고, 그 사건을 해결해 내가는 과정을 전개에 풀어낸다. 그리고 주주맘과 사건의 갈등이 고조화 되었을 때, 지인, 친정 엄마, 의사, 남편 등의 조력자가 등장한 후, 사건을 결국 극복해 내고 다시 평화롭게 육아를 하게 되는 주주맘으로 결말을 낸다. 사실 흔하디흔한 전통적이고 클리셰적인 구조지만 대중은 난해하고 새로운 이야기보단 이렇게 익숙한 구조에서 사건, 배경, 등장인물, 소재 등만 바뀐 이야기들에 더 몰입하게 된다. 게다가 주주맘의 소재는 보통 육아 맘으로 지내오며 직접 겪어온 이야기들을 그려내기 때문에 육아 맘이라면 누구나 한 번 즘 겪어봤을 일들을 읽으며 독자의 몰입도가 심화된다.

▲육아 맘이라면 흔하게 누구나 겪어봤을 법한 스토리를 짜임새 있게 구성하여 그려낸 주주맘 인스타툰 콘텐츠들

인스타툰 시장은 진입장벽이 낮기에 하루에도 수 많은 신입 인스타툰 작가들이 생겨나고 그들의 콘텐츠를 올린다. 이렇게 수 많은 신규 인스타툰 계정 중에서 게시물이 100개도 채워지지 않았는데 1만, 2만 이상의 팔로워가 구독하는 인스타툰 계정은 모두 인스타툰의 스토리가 쉽게 몰입되고, 그 구조의 짜임새가 탄탄하다.

이는 내가 콘텐츠 제작 단계 중 글 콘티 단계에서 유난히 많은 시간을 소비하는 이유이기도 하다. 어떤 이는 한 편의 툰 콘텐츠를 제작할 때 선화 스케치 단계나 채색 단계에서 가장 많은 시간을 보낼 것이라고 생각하는데 그렇지 않다. 사실 콘텐츠가 터지느냐 안 터지느냐는 초기 글 콘티단계에서 판가름이 난다. 같은 소재여도 어떻게 풀어나가는 지, 어떤 썸네일 제목을 갖고 있는지에 따라 콘텐츠 결과 인사이트가 달라진다. 그래서 나는 글 콘티 단계에 가장 많은 시간을 투자하며 다 써 내려간 글 콘티도 2번, 3번 재독하며 단어, 조사 하나까지도 계속해서 더 좋은 말, 더 재밌는 말로 바꿔 나간다.

이렇게 며칠 간 여러 번의 수정을 거쳐 마음에 드는 글 콘티가 나왔을 때 에서야 비로소 스케치 콘티 작업에 들어가곤 한다

결론적으로 대중에게 사랑받는 콘텐츠, 또는 소위 말하는 터지는 콘텐츠를 만들려면 자기 자신을 '이야기꾼' 이라고 생각하고 매일 일상 곳곳에서 소재를 갈구하고 그 소재를 어떻게 해야 탄탄하고 재미있게 풀어나갈 수 있을 지 계속해서 연구하고 발전시켜 나가는 연습을 꾸준히 해야 한다.

# 인스타툰 제작 단계

나는 인스타툰 콘텐츠를 만들 때 항상 일정한 단계를 거친다. 물론 인스타툰 현업에 종사하고 있는 작가마다 서로 습관화된 자기만의 작업 순서는 다 다르겠지만, 일단 인스타툰을 시작하기 전 어떻게 시작해야 할 지 막막할 누군가를 위해 내 제작 단계를 간략히 풀어내려 한다. 물론 이 방법을 참조하다가 인스타툰 제작에 익숙해질 때 즘이면 자신만의 노하우 등이 생기며 자신만의 작업 단계가 고착될 것이다.


1) 소재 구상

: 인스타툰은 보통 허구의 일을 그리기보단 자신이 겪은 일상이나 사건들을 그려내는 경우가 많다. 나도 대부분 내가 겪었던 일을 소재로 하기 때문에 일상 속에서 소재를 찾곤 한다. 매일 반복되는 일상 속에서도 조금씩 다른 점은 분명히 존재하고, 같은 사물을 봐도 오늘은 또 어제와 다른 생각이 들기 때문에 사실 소재는 마를 날이 없다. 소재는 무언가 새롭고 특별한 걸 찾는 것보단 소수 든 다수든 공감을 할 수 있는 흔

하고 진부한 소재가 좋다. 흔하고 진부한 소재를 골라 나만의
색과 나만의 그림체로 풀어낸다면 그건 또 다른 신선한 콘텐
츠가 된다. 그래서 나는 같은 소재로도 이야기를 다르게 풀어
내어 두 개, 세 개 혹은 그 이상의 콘텐츠를 뽑아 내기도 한
다.

▲손톱을 소재로 각각 다른 스토리로 풀어낸 인스타툰 1

▲손톱을 소재로 각각 다른 스토리로 풀어낸 인스타툰 2

 만약 도저히 소재가 떠오르지 않는다면 나는 온라인 커뮤니
티를 둘러볼 것을 추천한다. 자신이 운영하려는 인스타툰 독
자 타깃들이 모여 있을 법한 카페 전체게시판을 훑어보다 보

면 요즘 사람들이 어떤 고민을 하고 어떤 걸 좋아하며 어떤 생각을 하는 지 등의 많은 영감을 받을 수 있다. 내가 말하는 영감은 모르는 타인의 이야기를 그대로 콘텐츠로 만들라는 말이 아니라 요즘 트렌드가 어떤 게 있는지 살펴보고 그 중 핵심어만 찾아서 그 핵심어를 나만의 스토리로 풀어내라는 뜻이다.

이런 방법들을 반복하는 훈련을 하다 보면 어느 새 더 이상 소재를 찾아 헤매지 않아도 불현듯 머리속에 반짝하고 알아서 소재가 떠오르는 경우도 많다. 그럼 그 때를 놓치지 않고 핸드폰 메모장이나 스마트폰 메신저의 나와의 채팅하기 등에 그 때 그 때 짧고 간단하게 메모를 해 놓으면 콘텐츠를 제작할 때 유용하다.

## 2) 글 콘티 짜기

: 글 콘티 짜기 단계는 내가 가장 중요시 생각하고 심혈을 기울이는 단계이다. 왜냐하면 앞서 말했듯이 콘텐츠가 터지냐 안 터지냐는 글 콘티 단계에서 모두 결정되기 때문이다.

내가 글 콘티를 짜는 과정을 간략하게 설명하자면, 일단 아이패드 메모장을 키고 소재에 관련된 나의 생각을 두서없이 문장으로 써 내려간다. 그 후 써 내려간 문장을 '발단-전개-결말'의 순서로 배열한 후 문장과 문장 사이에 '그리고', '그러나',

'마침내' 등의 접속사를 추가하거나 조사 등을 다듬어 스토리의 전체적인 연결이 매끄러워지게 다듬는다.

 그 후 전체적으로 스토리를 읽어보고 추가로 필요한 등장인물의 대사를 추가하거나 유행어 등을 추가해 유머 적인 요소를 더한다.


## 3) 스케치 콘티

: 태블릿에서 웹툰 프로그램을 연 후 콘티 컷 수에 맞게 1080x1080 비율의 정사각형 캔버스를 쭉 나열해 오픈한다. 예를 들어 콘티를 10컷으로 짰다면 10개의 빈 캔버스를 연속해서 오픈하고, 5컷으로 짜인 콘티라면 5컷의 빈 캔버스를 오픈한다. 이 때 용지 컬러를 흰색이 아닌 회색 혹은 진회색으로 조정한다. 이유는 인스타툰 초기에는 몰랐는데 이후 작업량이 많아지면서 흰 화면을 오래 보고 있으니 눈 건강이 너무 안 좋아졌기 때문이다. 이 때 용지색을 어둡게 조정해서 눈의 피로도를 줄여주고 배경 작업 시 다시 용지를 밝은 색으로 맞추어 주면 눈 건강을 조금이라도 지킬 수 있다.

 오픈해둔 캔버스에 차례대로 각 컷에 맞는 글을 입력해 준 뒤 그에 맞게 러프 스케치로 인물의 위치나 행동, 배경 등을 그려낸다. 이 때 어려운 자세나 표정 등이 있다면 상업적이용이 가능한 무료 이미지 배포 사이트에 가서 내 머리속에서 생각해둔 이미지를 검색해서 참고해 작업을 완료한다.

4) 선화 작업

: 3번 단계에서 그려낸 스케치 콘티 레이어의 투명도를 낮게 조정해서 흐릿하게 만든 후 새로운 스케치 레이어를 추가해 정확하고 깔끔한 선으로 다시 그려낸다.

  그림체는 모든 사람이 다르겠지만, 나는 개인적으로 깔끔하고 가독성 좋은 스타일을 선호하기 때문에 선의 굵기와 끝맺음을 최대한 깔끔하게 그려내려 노력한다.

5) 채색 작업

: 완성된 선화에 채색을 한다. 이 때 시간의 효율을 위해 모든 컷의 선화작업을 한 번에 다 끝내고, 그 후 채색작업도 한꺼번에 한다. 예를 들어 10컷의 인스타툰을 그린다고 하면 한 컷 씩 완성해 내는게 아니라 선화작업 시 브러시나 색을 바꾸는 시간을 줄이기 위해 10컷의 선화작업을 한꺼번에 끝내고,

그 후 피부색을 칠할 때 10컷의 피부색을 한 번에 다 칠한다. 그 후 컷에서 중복되는 캐릭터 머리카락색이나 옷 색등을 또 10컷 전부 칠한다. 그 후 겹치지 않는 색들만 따로 한 컷 씩 칠한다. 이렇게 하면 브러시를 바꾸거나 색 팔레트를 계속 바꾸는 시간을 단축시킬 수 있다.


## 6) 명암 작업

: 명암은 사실 개인의 그림 스타일에 따라 그리는 사람도 있고, 안 그리는 사람도 있는데 내 그림은 개인적으로 명암을 그리는 게 훨씬 완성도가 높아 보이기 대문에 명암을 그려 마무리한다.

▲명암 작업 유무에 따른 완성도 느낌 차이

7) 말풍선 작업 및 배경 작업

: 채색과 그림자작업을 마무리했다면, 대사에 어울리는 말풍선 작업과 배경작업을 마무리한다.

배경은 직접 그리는 경우도 있고 클립스튜디오의 소재를 이용하는 경우도 있고 간단하게 그라데이션으로 처리하는 경우도 있다. 그라데이션으로만 처리해도 작업물의 완성도가 확 올라간다.


8) 식자 작업

: 모든 작업을 마무리하고 내가 또 중요시 여기는 작업이 식자작업이다. 플랫폼 연재 웹툰에서는 식자 작업만 하는 식자작가를 따로 뽑기도 할 정도로 식자를 넣고 안 넣고 에 따라 콘텐츠의 생동감이 확 달라진다.

의성어나 효과음은 사람의 오감을 자극해 콘텐츠를 더 재밌게 느끼도록 만들어주는데 인스타툰 이나 웹툰은 그 특성상 소리가 있지도 않고 움직이지도 않기 때문에 이런 부분을 식자로 보완해줄 수 있다.

▲식자를 넣으면 콘텐츠를 소비할 때 더욱 생동감과 재미가 느껴진다

9) 워터마크 삽입 및 업로드

: 처음에는 워터마크를 넣지 않았는데, 시간이 갈수록 불펌해서 몰래 사업에 이용하려는 사람이 늘어나 콘텐츠에 내가 만들었다는 표시를 넣기 위해 @zuzu.mom 이라는 워터마크를 넣고 있다. 워터마크는 매 작업마다 번거롭게 새로 넣지 않고, 이미지파일을 하나 만들어서 작업 마무리 후 마지막에 이미지를 삽입하는 방법으로 시간을 단축시키고 있다.

모든 작업이 끝난 후 인스타그램에 콘텐츠를 업로드 하는데 업로드 직후 30분정도는 댓글을 남겨 주시는 팔로워분들께 대댓글을 남기며 소통을 하고 마무리한다.

그 후 혹시 게시물이 피드에 뜨지 않아 업로드소식을 모를 독자분들을 위해 스토리에도 꼭 첫 번째 컷을 올리면서 콘텐츠를 업로드했음을 알린다.

# PART 6 인스타툰 작가의 수입 파이프라인

# 인스타툰으로 월세 만드는 다양한 방법

 내가 인스타툰 수입을 월세라고 부르는 이유는 잘 키운 SNS 계정은 마치 인프라 좋은 곳에 위치한 꼬마빌딩과 같은 효과를 내기 때문이다. 유동인구가 많은 길거리에 있는 꼬마빌딩에는 돈을 받고 광고판을 걸어 수입을 낼 수 있듯이 내가 온라인에서 운영하는 계정이나 플랫폼에 트래픽이 많아지면 광고를 걸고 싶어하는 수요자는 늘고 그에 따라 해당 계정과 플랫폼의 운영주인 나의 수입도 늘어나기 때문이다. 그래서 나는 내 인스타툰 계정을 건물에 비유하고, 이 계정에서 나오는 수입을 월세라고 부르고 싶다.

 대부분 인스타툰 작가의 가장 큰 수입원은 브랜드와 협업해 콘텐츠를 제작해 업로드하는 브랜디드 광고 콘텐츠 제작 수입이 가장 많고, 그 외에 전자책 판매, 공동구매, 콘텐츠 연재, 외주, 강의수입, 제휴 수입 등 다양하다. 그 중 대표적으로 몇 가지만 설명하자면 다음과 같다.

 1) 브랜디드 광고 콘텐츠 제작 수입 (=광고 협업)

: 브랜디드 광고 콘텐츠 제작 수입이란 대기업부터 중소기업까지 다양한 브랜드의 제품이나 서비스가 출시되면 인스타툰 작가가 브랜드에게서 콘텐츠 제작비(=광고료 또는 원고료)를 받고 콘텐츠를 제작한 후 인스타그램에 업로드하여 그들의 제품이나 서비스를 홍보해주며 발생하는 수입을 말한다. 조회수 수익이 따로 없는 인스타그램에선 아마도 이게 현재 대부분의 인스타툰 작가들의 가장 큰 주 수입원일 것이다. 인스타툰을 그리고 있는 나도 현재 이 수입이 총 수입 중 70%를 차지하고 있다. 광고가 들어오는 시기는 모두 다른데 나는 9000~1만팔로워쯤 되었을 때 처음 광고 제안이 메일로 왔다. 그렇지만 인스타툰 시장이 커진 요새는 5천팔로워부터 광고 제안이 오는 경우가 대부분이다.

이 광고수입은 경력이나 팔로워 수에 따라 크게 차이가 나는데 마케팅에서는 노출수가 중요하기 때문에 팔로워 수가 많을수록 지급되는 고료가 커질 수밖에 없다. 나도 첫 광고 콘텐츠의 컷당 제작비보다 지금 받는 컷당 제작비가 약 5배가량 올랐다. 물론 팔로워 수도 그만큼 늘었다.


## 2) 공동구매 수입

: 보통 공동구매라고 한다면 얼굴을 드러내고 활동하는 인플루언서나 연예인이 진행을 한다고 생각하는데, 인스타툰 작가도 얼마든지 기업과 협업해서 공동구매를 진행할 수 있다. 사

실 공동구매라는 건 사람이 많이 모여 있는 곳이라면 어디든 지 진행할 수 있기 때문에 구독자가 어느정도 모여 있는 인스 타툰 작가도 공동구매를 열어 좋은 제품만 잘 소개한다면 브 랜디드 광고 콘텐츠 원고료보다 더 큰 수입을 얻을 수 있다. 광고수입은 원고료 예산이 보통 정해져 있지만, 공동구매는 판매되는 만큼 내가 가져가는 수입이 늘어나기 때문에 때에 따라서는 광고 수입보다 더 많은 수입원이 될 수도 잇다.

나도 한 달에 약 1~2번 정도의 공동구매를 진행하는데, 내 가 필요하거나 내가 먹어봤는데 맛있었거나, 아이들에게 필요 한 제품을 공동구매 제품으로 선정한다. 한 번은 여름이 가까 워질 무렵 내 아이들이 사용할 시원한 인견 침구가 필요했고, 내 아이들이 사용할 것이기 때문에 좋은 소재의 좋은 제품을 찾기 위해 박람회와 쇼핑몰을 돌아다니며 직접 발 품 팔아 마 음에 드는 제품을 찾아다녔다.

▲직접 발 품 팔아 찾은 제품으로 진행했던 풍기인견침구 공동구매 인스타툰

 인스타툰엔 실제로 내가 해당 제품을 찾아다닌 이유와 소싱처를 찾게 된 과정을 그려냈고, 댓글로 팔로워분들과 소통하며 해당 제품의 공동구매를 진행했다. 나의 진실됨이 독자분

들께 통했는지 단 4일간 진행했던 공동구매의 매출과 반응이 좋아 겨울이 넘어갈 때 또 이 회사와 겨울 침구 공동구매를 진행하였다.

인스타툰으로 공동구매를 진행할 경우, 인스타툰 계정의 구독자분들은 대부분 해당 크리에이터를 좋아해 주시는 팬층으로 이루어져 있다. 그런 팬 구독자분들의 크리에이터에 대한 신뢰감과 호감은 대체로 쉽게 구매로 연결되기도 한다. 이런 현상은 기업들이 크리에이터와 끊임없이 광고 협업을 진행하려고 하는 이유이기도 하다. 그러므로 크리에이터는 구독자분들의 신뢰와 호감에 반하지 않도록 공동구매를 진행하기 전 해당 제품을 자신이 미리 충분한 기간동안 사용해보며 제품력과 안전성을 학인하고, 좋은 제품만을 소싱 해 공동구매를 진행하도록 해야 한다.


3) 외주 수입

: 인스타그램 피드는 자신의 포트폴리오이다. 내 콘텐츠를 재밌게 봐주시는 팔로워분들도 내 피드를 보겠지만, 다양한 기업의 담당자분들도 내 인스타그램 피드를 보고 외주 제안을 주신다. 나같은 경우엔 그 동안 브랜드 인스타그램 계정 정기 연재 의뢰도 몇 번 왔었고, 공공기관 연재 제안도 왔었다. 그 중 두 곳은 반 년 이상 연재 후 연재를 종료하였고, 다른 한 곳은 현재 2년 째 브랜드 툰 연재를 이어가고 있다. 이 외주

수입은 꼭 인스타툰 계정에만 국한되는 이야기는 아니다. 그림을 그리지 못해도 다양한 방법으로 인스타그램 콘텐츠 크리에이터로 활동하며 외주를 받을 수 있는 일은 충분히 많다. 만일 당신이 스토리가 재밌는 글을 쓸 능력이 있다면, 글만 편집해서 카드 뉴스 형식으로 인스타그램에 꾸준히 업로드 할 수도 있다. 그러면 그 인스타그램 계정은 당신의 카드 뉴스 포트폴리오가 되어 다양한 정부 기관이나 브랜드의 카드 뉴스 외주 의뢰를 받을 수 있도록 도와줄 것이다. 혹은 당신이 사진 촬영에 자신이 있다면 한 가지 콘셉트를 정해서 같은 주제로 꾸준히 사진을 찍어 올린다면 당신의 인스타그램 포트폴리오는 당신을 사진작가로 만들어줄 것이다.

나는 초반에 내가 운영하는 인스타그램 계정 피드를 홍보 웹툰 및 광고 웹툰 포트폴리오로 만들어야 겠다고 방향을 잡았다. 그래서 아직 적은 팔로워의 계정이라 광고 의뢰가 들어오지 않았음에도 일상 툰 중간중간에 다양한 '내돈 내산 제품' 사용 후기를 일상 툰 형식으로 풀어내어 인스타툰 콘텐츠로 제작해 업로드하였다. 실제로 그 후 조금씩 브랜디드 광고 웹툰 제안이 들어오기 시작했다.

그러므로 당신이 처음 월세 나오는 인스타그램 계정을 운영하려고 시작할 때 피드 전체를 자신의 포트폴리오라고 생각하고 원하는 방향을 설정한 후 그에 맞는 콘텐츠를 꾸준히 올리다 보면 정말 많은 기회가 다가올 것이다.

## 4) 강의 수입

: 현재 나는 진행하고 있지 않지만, 많은 1세대 인스타그램 크리에이터 작가분들이 재능마켓 등에서 온라인 강의를 열어 또 다른 수입을 창출해내고 있다. 그 강의의 종류가 다양한데 인스타툰 그리는 법부터 시작해서 인스타툰 수익화 하는 방법, 인스타그램 공동구매 사진 잘 찍는 방법, 성공적인 인스타그램 공동구매 등 다양한 인스타그램 콘텐츠 관련 강의가 나오고 있으며 이 강의 수입으로 월에 천만 원 이상 씩 수입을 올리고 있는 콘텐츠 크리에이터들도 많이 있다. 또한, 이런 강의는 오프라인 강의 초청으로 까지 연결되어 수입이 또 다른 수입의 기회로 연결될 수 있다.


## 5) 단순 광고 업로드 수입

: 단순 광고 업로드 수입은 따로 자신이 콘텐츠를 제작하지 않고 마케팅 대행사나 브랜드에서 제작한 콘텐츠를 자신의 게시물 뒤에 업로드하여 노출만 해주는 단순 광고 업로드 수입이다.

 보통 팔로워가 어느정도 이상으로 모이게 되면 메일이나 인스타그램 DM으로 제안이 온다. 나는 피드의 통일성을 위해 주주맘 캐릭터로만 연재를 하고 있기 때문에 아직 단순 광고 업로드는 하지 않았지만 상당히 많은 인스타그램 계정에서 이 방법으로 수입을 내고 있다.

일반적으로 인스타툰 계정보단 정보성 콘텐츠를 많이 올리는 계정이나 여러 유머 글들을 큐레이션해서 올리는 계정들에서 이 수익화 방법이 많이 보인다.

## 6) 기타 수입

: 이 외에도 콘텐츠를 올리는 동시에 프로필에 본인의 쇼핑몰 링크를 걸어 놓아 자연적으로 홍보를 일으켜 수입을 얻는 경우도 있으며, 자신의 계좌를 올려놓고 후원 수입을 받는 경우도 있고, 자신이 제작한 콘텐츠를 타 계정으로 재 업로드할 때 저작물 이용 허락 비용을 받는 경우도 있다.

그리고 우리나라에선 아직 활발히 진행되고 있진 않지만 해외에서는 인스타그램에서 NFT 거래를 하며 수입을 얻는 크리에이터들도 많다.

## 7) 광고 배너 수입

: 최근에 인스타그램에만 올리던 툰을 네이버 블로그에도 올리기 시작했다. 네이버는 콘텐츠의 질을 굉장히 중요하게 생각하는 기업이다. 그래서 보다 좋은 콘텐츠를 발행하는 크리에이터들에게 프리미엄 콘텐츠 구독료나 블로그 광고 배너인 애드포스트 수입 등으로 수익을 나누어 주며 지원하고 있다. 프리미엄 콘텐츠는 크리에이터가 가치 있는 글, 사진, 영상, 웹툰 등 다양한 형식으로 콘텐츠를 만들어 연재하고 구독자는 돈을 지불하고 해당 콘텐츠를 받아볼 수 있는 유료 콘텐츠 구독 서비스이다.

블로그 애드포스트 수입은 블로그 포스팅 중 중간에 삽입 되어있는 네이버의 광고 수입을 블로그 주인에게 일정부분 나눠주는 것인데, 전 월 일 평균 방문자가 100명 이상 일 때 이 배너를 게시할 수 있다.

나는 둘 중 블로그에만 콘텐츠를 발행하고 있는데 이미 인스타그램에 쌓아 놓은 콘텐츠를 블로그에 다시 한 번 올리기만 하면 되기 때문에 작업소요시간이 짧다. 게다가 아직 블로그에 컷 툰을 포스팅하는 크리에이터가 많지 않아서 네이버 메인에 항상 노출이 되고 있다. 그래서 적은 이웃 수에 비해 일 방문자는 최대 몇 천명까지 된다. 그만큼 애드포스트 수입도 꽤 들어오고 있다. 이 애드포스트 수입의 장점은 내가 일을 하지 않는 순간에도 자동으로 들어오는 수입이라는 점이다. 아직은 인스타그램의 수입에는 미치지 못하는 적은 수입이지만 인스타그램처럼 해가 지나고, 콘텐츠가 누적될수록 그 수입은 점점 늘어날 것이다.

 그러니 잘 만든 콘텐츠를 갖고 있다면 블로그에도 동시에 포스팅 할 것을 추천한다.


## 내 계정에 맞는 수익화 방법 찾기


 인스타그램을 계정을 운영하다 보면 내가 상상한 것 이상으로 다양한 종류의 수익 기회가 오기 때문에 '나는 이 방법으로만 수익을 얻을 거야!' 라고 수입 방향의 한계를 정해 놓을 필요는 없다.

 하지만 주 수입원 목표를 정해 놓고 그 방향에 어울리는 콘텐츠들을 위주로 포스팅을 하면 해당 분야의 수익 창출은 빠르게 달성할 수 있다.

예를 들어 내가 브랜디와 협업해 브랜드 홍보 콘텐츠를 제작해 광고 수입을 받고 싶다면 내가 직접 구매했던 제품들 중 좋았던 제품을 하나씩 리뷰하는 콘텐츠를 제작해 올리면 된다. 인스타툰으로 제작해도 되고 사진과 글로 제작해도 된다. 특히 요새는 숏 폼 콘텐츠인 릴스의 노출이나 도달이 잘 나오는 편이라 릴스로 제작하는 것도 추천한다. 게다가 릴스는 한 번 제작하면 틱톡이나 유튜브에도 동시에 올릴 수 있기 때문에 동시에 세 가지 수익화 채널을 운영할 수 있다.

 혹은 책 출판이 목적이라면 내가 출판하려는 주제의 콘텐츠를 지속해서 업로드하면 된다.

 강의 수입이 목적인 분들은 자신이 강의하려는 분야의 강의 내용을 맛보기 식으로 콘텐츠로 편집해서 올리길 추천한다. 예를 들어, 내가 프리랜서 영어 강사라면 영어권 나라 현지에서 쓰는 다양한 재밌는 표현들을 숏 폼 영상으로 편집해 꾸준히 릴스를 올리다 보면 분명 당신에게 수강의뢰를 하는 학생들이 자연스럽게 생길 것이다. 혹은 인터넷 강의 플랫폼에서 스카우트 제의가 올 수도 있다.

 이렇듯 인스타그램은 직접적인 수익은 없지만 '나'의 강점을 세상에 알리고, 그 강점으로 내게 다양한 루트의 수익을 가져다 줄 수 있는 플랫폼이다. 그렇기 때문에 먼저 내가 잘 하는 것, 내가 좋아하는 것을 먼저 찾아보고 그렇게 찾은 나만의 강점을 콘텐츠로 만들어 꾸준히 업로드 하다 보면 자신도 모르게 인스타그램이라는 세계에서 나만의 계정으로 온라인 월세를 받을 수 있을 지 모른다.

## 인스타툰 작가의 광고 콘텐츠 제작단가

인스타툰을 진행하다가 처음 광고제안을 받으면 단가 의뢰에 당황하곤 한다. 인스타그램 크리에이터는 모두 프리랜서이기 때문에 공개된 곳에 자신의 수입이나 제작 단가를 노출하지 않고 있어서 어느 정도의 원고료가 적정선인지 정보를 얻을 곳이 없기 때문이다.

나 역시 2년 전 첫 광고제안이 왔을 때 며칠을 온라인에 검색해봤으나 너무 정보가 없어서 터무니없이 낮은 금액으로 계약서를 작성하고 광고 콘텐츠 제작과 업로드를 했었다. 인스타툰 제작 단가에 대한 정보를 얻을 곳이 없으니 재능마켓에서 비슷한 업계의 최저 가격을 보고 가격을 정한 탓이었다. 이 당시에는 내 그림으로 돈을 벌었다는 사실에 금액의 크기를 떠나 매우 감격스러웠고 기뻤다. 그렇지만 지금은 이 때의 행동이 얼마나 잘못된 건 지 알고 내 기준 적정한 금액을 받으며 일하고 있다.

　재능마켓은 가격 경쟁으로 온라인 중에서도 최저가를 받고 작업을 하는 곳이다. 게다가 재능마켓과 인스타툰이 다른 점은 인스타툰은 제품을 홍보하는 마케터의 역할도 해야 하며, 내 캐릭터의 신뢰도를 빌려 제품을 홍보하는 곳이기 때문에 혹여 제품에 문제가 있을 경우 내 캐릭터가 감수해야 할 리스크에 대한 비용도 포함해야 한다.

　다시 정리하자면 [재능마켓의 광고SNS툰 제작 단가=작가의 작업비용] 이지만 [인스타툰의 광고 SNS툰 제작 단가=크리에이터의 작업비용+제품 홍보비용+내 계정 링크 렌트(사용) 비용 등]이 다양하게 포함되어 단가가 책정된다.

　현재 주주맘 인스타툰 협업 단가 책정 세부 내용은 아래와 같다.

-콘텐츠 제작비용: 컷당 N 만원 (최소 컷 수 N 컷)
-@zuzu.mom 계정 업로드 비용: N 만원
-@zuzu.mom 프로필링크, 하이라이트 링크 고정: 약
8 일~15 일 게시
-타 계정 업로드 비용: N 만원 (N 회당)
-기타 저작물 이용허락 비용: 기간 및 용도를 말씀해주시면
협의합니다
-콘텐츠 및 캐릭터 저작권은 작가에게 귀속됩니다
-수정은 최대 N 회 가능하십니다
-초안 제작 후 협업이 중단되었을 시: N 만원 작가에게 지급
-채색 후 협업이 중단되었을 시: N 만원 작가에게 지급
-콘텐츠 최소 게시 기간: N 년

　이렇게 구체적으로 단가와 사용 기간을 책정해 브랜드와 협업을 진행하게 되면 추후 상호간에 발생할 수 있는 문제를 최소화 할 수 있다.

　업로드 비용을 따로 책정한 이유는 제작 단가는 말 그대로 콘텐츠 기획, 수정, 채색 등 평균 약 2주 ~ 3주의 시간을 투자해 제작하는 콘텐츠에 대한 비용이고, 계정에 콘텐츠를 업로드 하는 건 앞서 말한 마케팅 비용으로 책정하였다. 업로드 비용을 책정하지 않았을 때는 재 업로드를 요청하는 등 곤란한 일들이 발생하기도 했기 때문에 이후 항목에 추가하게 되었다.

타 계정 업로드 비용이나 저작물 이용허락 비용이 추가된 이유는 해당 콘텐츠의 홍보 반응이 좋았을 경우 인스타그램이 아닌 다른 공간에도 업로드하거나 제품 상세페이지에 활용하고 싶어하는 경우가 있기 때문이다. 여러 곳에 사용 기한 없이 내 캐릭터가 들어간 작업물이 올라갈 경우 해당 브랜드의 전속 모델로 오인해 다른 광고 콘텐츠 제작 제안이 오지 않을 수 있다. 그렇게 되면 대부분 인스타그램 크리에이터의 주 수입원인 광고수입이 끊길 수 있고, 이는 인스타그램 운영을 지속하지 못하게 되기 때문에 반드시 내가 제작한 콘텐츠 저작물의 사용범위와 기간 및 비용을 명확하게 하는 게 좋다.

## 몇 천 팔로워부터 수입이 생길까?

분명 이제 막 인스타그램 콘텐츠 제작을 시작한 분들이 가장 궁금한 내용은 '어느 정도의 팔로워가 모여야 내 인스타그램에서도 수익이 발생할까?' 일 것이다. 인스타툰 제작을 처음 시작했을 무렵의 나 역시 가장 궁금했던 점은 '언제쯤 나에게 수익과 관련된 제안이 올까?' 였다. 결론적으로 말하자면 절대적인 수치나 기준은 없다. 1000팔로워만 모여도 수익화를 잘하는 사람도 있고, 1만 팔로워에 가까운 구독자가 모여도 수익화를 못하는 사람도 있다.

나의 경우에는 약 7~8천 팔로워가 모였을 때 브랜드 인스타그램 계정에 월 1회 브랜드 툰을 연재하는 외주 제안이 왔고, 1만 팔로워 무렵부터는 브랜디드 광고 콘텐츠 제안이 들어왔으며 2만 팔로워 이상부터는 이런 제안 메일이 거의 매 주 2회 이상은 왔으며, 3만 팔로워 구간에선 협업 제안이 정말 많이 와서 두 달 후의 일정까지 꽉 차곤 했다.

물론 중간 중간 들어오는 제안이 뜸한 시기가 있었다. 그렇지만 이런 시기에 나는 마냥 가만히 앉아 오는 기회만 기다리고 있지 않았다. 다양한 인스타그램 마케팅 활동을 기획해 먼저 다양한 브랜드나 제조사 대표님들 메일로 제안서를 넣었다. 일부는 답장이 돌아오지 않기도 했지만, 답변이 돌아올 경우는 반드시 수익으로 이어졌다.

결론적으로 적은 팔로워의 계정으로도 수익을 내는 사람들은 기회가 오기를 마냥 앉아서 기다리지 않고 다양한 수익

방법을 연구하고 찾아서 여러 방식으로 적용해보는 사람들
이다.


## 몇 백 ~ 1000명의 팔로워로도 수익을 내는 법


　적은 수의 팔로워로 수익을 낼 수 있는 가장 대표적인 방법
을 소개하자면 제휴마케팅과 공동구매가 있다. 그 중 첫번째
방법인 제휴 마케팅은 앱 스토어에 [인플루언서 제휴] 라고
검색해보면 많은 종류의 어플이 나온다. 이 어플은 제품을 홍
보하고 싶은 판매자와 판매 수수료를 받고 싶은 인플루언서를
연결해주는 플랫폼인데, 어플에 올라와 있는 제품 중 내 계정
타겟이나 컨셉에 잘 맞을 것 같은 제품을 골라 샘플을 구매해
충분히 사용해 본 후, 어플에서 생성되는 개인 판매 링크를
복사해 내 인스타그램 링크에 게시한다. 그리고 자유롭게 홍
보 콘텐츠를 만들어 인스타그램에 업로드해 판매링크를 많은
사람에게 알리면 된다. 그 중 판매가 이루어지면 판매금액의

약 10%~25%의 수수료가 나의 수익금으로 입금된다.

팔로워수가 적은 데 어떻게 원활한 판매가 이루어질 수 있을까? 내가 올린 콘텐츠 게시물을 다수에게 도달할 수 있도록 하면 된다. 길가에 있는 마트에는 마트 회원만 들어가 물건을 구매하지 않는다. 그 지역에 놀러 왔거나 다양한 이유로 그냥 지나가다가 우연히 그 마트를 발견하고 구경한 후 마음에 들거나 필요했던 물건이 있으면 구매하는 고객도 많다.

인스타그램도 마찬가지이다. 위에 내가 언급한 인기게시물이 되는 방법을 잘 이용하여 게시물이 인기게시물로 가기만 한다면 우연히 지나가다 내 콘텐츠를 발견한 사람이 팔로우는 누르지 않아도 물건을 구매하고 지나갈 수 있는 것이다. 만약 알고리즘을 이용한 도달이 쉽지 않다면 인스타그램 유료광고를 진행해도 된다. 인스타그램 유료광고는 적은 예산으로도 광고를 진행할 수 있다는 장점이 있다. 이 유료광고는 특정 타겟을 설정하여 내가 정한 예산 금액 내로 게시물을 타겟 고객에게 도달시켜주기 때문에 몇 만원의 광고비용을 투자한 후 그 이상의 판매 수수료를 벌면 되는 것이다. 이 때 광고를 클릭하면 이동되는 랜딩페이지만 내 판매링크 페이지로 연결해주면 된다.

두 번째 방법은 공동구매이다. 공동구매도 제휴마케팅과 같이 다른 사람이 만든 물건을 내가 대신 홍보하고 판매가 이루어지면 이루어지는 만큼 수수료를 가져간다는 점은 비슷하다.

그렇지만 소싱 처를 내가 직접 찾아야 한다는 점이 다르다. 제휴마케팅은 플랫폼에서 소싱 처를 구해서 셀러인 나와 연결을 해주지만 공동구매는 내가 직접 좋은 소싱 처를 찾아 판매 제안 의뢰를 하고 수수료도 협상하고 제품 선정도 해야 한다.

그렇지만 공동구매가 제휴마케팅보다 좋은 점은 온라인에서 가격경쟁력이 무너져 있지 않은 제품을 선점해 잘 판매한다면 판매가 많이 될 확률이 높다는 것이다. 판매된 후에도 소비자 만족도가 높았다면 해당 제품을 2차, 3차, N차 등 여러 횟수를 반복해 판매하며 지속해서 판매 수수료를 받을 수도 있다.

그래서 나는 두 가지 방법 중 제휴마케팅보다 공동구매를 선호한다. 예를 들어 내가 소비자 입장이라고 생각했을 때 스마트폰만 키면 여기 저기 많은 사람들이 팔고 있는 물건을 보게 된다면 굳이 내 콘텐츠를 보고 구매하지 않아도 흔하게 해당 제품을 접할 수 있기 때문에 선뜻 구매 하지 않을 확률이 크다. 그렇지만 내 콘텐츠를 통해야만 저렴하게 구매할 수 있는 좋은 제품의 물건이라면 금방이라도 구매버튼을 누르고 싶을 것이다.

지금도 매일매일 수많은 제조업체에서 좋은 제품들을 개발하고 제조하고 있다. 그렇지만 판매루트와 마케팅방법을 확보하지 못해 판매에 어려움을 겪고 있는 곳이 많다. 우리는 그런 제조사들의 좋은 제품을 잘 선점해 인스타그램이라는 내 온라인 건물에서 홍보하고 판매하면 되는 것이다.

# PART 7 인스타툰으로

# 공동구매하기

# 사람 얼굴이 나오지 않아도 판매가 가능할까?

　불과 몇 년 전 까지만 해도 유명 연예인이나 외모가 출중해 사람들의 이목을 끄는 사람들의 SNS 계정에 사람들이 많이 모였고, 그들이 사용하는 물건이나 판매하는 물건은 늘 대중의 관심을 한 몸에 받았다. 그래서 유명인들이 쇼핑몰을 차리고 본인이 직접 제품의 모델이 되어 제품 판매를 진행하는 경우가 많았다.

　그렇지만 요즘은 사람 실체나 얼굴이 직접 등장하지 않는 인스타툰 계정에서도 판매와 구매가 활발히 이루어지고 있다. 이러한 현상은 가치소비에 집중하는 MZ세대가 경제활동을 시작하며 새로운 소비세력으로 등장한 후 활발해지기 시작했는데, MZ세대는 소비 전 선택을 할 때 단순히 제품의 기능이나 성능, 가격만을 고려요소로 두지 않는다. 그들은 자신의 신념과 가치관에 따라 본인이 가치 있다고 생각하는 곳에 소비하기를 좋아한다. 환경보호나 동물복지 등에 관련한 소비가 새로운 트렌드로 급부상한 이유도 이에 있다. 또한 이들은 이러한 소비를 SNS로 공유하며 같은 가치를 소비하는 이들과 소통하길 좋아한다. 그래서 SNS에서 자신의 가치와 결이 맞거나 자신에게 즐거움을 주는 크리에이터를 신뢰하고 그들이 판매하는 물건에 가치소비를 하게 되는 것이다.

또한 크리에이터가 만드는 콘텐츠로 재미와 감동을 얻으며 이들은 크리에이터에게 감정적 애착을 갖게 되고, 그들의 창작활동을 지지하고 응원하기 위해 크리에이터가 판매하는 물건을 구매하기도 한다.

이러한 이유들로 현재 SNS상에서는 채널에 얼굴이 등장하지 않는 다양한 크리에이터들도 콘텐츠를 발행하며 공동구매를 활발히 진행하고 있다.

## 좋은 제품 소싱하는 법

그렇다면 인기 많은 크리에이터라고 해서 아무 제품이나 SNS에 업로드하여 판매해도 판매가 잘 이루어질까? 그렇지 않다. 좋은 제품을 소싱하기 위해서는 몇 가지를 고려할 사항이 있는데 그 내용은 다음과 같다.

첫째, 온라인 상에서 가격이 무너져 있지 않은 제품을 선정해야 한다. 온라인 상에서 가격이 무너져 있는 상품의 대표적인 예는 농수산물이다. 쌀, 과일, 채소 등은 온라인 마트, 대형 구매 플랫폼, 산지 직송 판매 사이트 등에서 이미 굉장히 저렴한 가격으로 팔고 있기 때문에 박리다매로 팔거나 우리 집이 해당 농수산물을 생산하고 있어 최저가로 공급받을 수 있지 않는 한 가격경쟁력에서 밀릴 확률이 높다.

그 외에도 떡볶이, 냉동만두 등처럼 소비자가 다른 플랫폼에서도 맛 좋고 저렴한 가격으로 손쉽게 구매할 수 있는 제품들도 피하는 것이 좋다.

둘째, 내 채널 주제와 결이 맞는 제품을 판매해야 한다. 일반적으로 한 SNS채널을 구독하는 구독자들은 모두 같은 관심사나 같은 라이프스타일로 공감대를 형성해 모여 있는 사람들이다. 그러니 소비할 제품을 선택할 때 선택지도 비슷할 확률이 높다.

예를 들어 식단 조절과 운동을 병행하며 몸매 관리를 하는 인플루언서 채널을 구독하는 구독자들에게는 식단에 필요한 간편 닭가슴살, 운동할 때 수시로 들고 다녀야 하는 워터 보틀, 땀 복, 운동복 등의 제품을 소개하는 것이 바람직할 것이다. 만일 이 채널에서 맛있는 고칼로리의 음식을 소개하거나 혼술을 위한 귀여운 술잔을 소개하게 된다면 아무리 구독자가 많은 인플루언서라도 판매량은 분명 저조할 것이다. 그러니 내 채널을 구독하고 있는 분들의 관심사를 파악하는 일은 제품을 소싱 할 때 고려해야 할 중요한 요소이다.

셋째, 남들이 다 하는 제품은 피해야 한다. 인스타그램 계정을 운영하다 보면 공동구매 벤더들에게 제품 제안 DM이나 메일을 정말 많이 받게 된다. 하지만 나는 이런 DM이나 메일로 절대 제품 소싱을 하지 않는다. 내가 공동구매에 소개하는 제품들은 모두 직접 사용해 봤거나, 혹은 내가 먼저 제조사에 연락해 공동구매를 진행하고 싶다고 연락한 제품들이다.

왜냐하면 벤더들이 먼저 제안해 온 상품 목록들은 아마 나외에도 다른 수많은 계정 운영자에게 뿌려졌을 것이고, 그 뜻은 그만큼 같은 플랫폼에서 동일 제품을 판매하는 판매자가 많다는 뜻이다. 판매자 수가 많으면 그만큼 가격경쟁, 광고경쟁이 치열 해져 결국엔 판매가 수월하게 이루어지지 않을 확률이 높고, 구매자도 많이 분산될 것이다. 그리고 벤더를 끼고 제품을 소싱하게 된다면 벤더 수수료가 제품 공급가격에 포함되기 때문에 결국 구독자분들에게 최종적으로 소개하게 되는 가격도 더 높아지게 되는 것이다. 그러므로 나는 이런 제안들을 받지 않고 대게 제조사나 판매본사와 직접 연락하여 제품 소싱을 진행하곤 한다.

# 잘 팔리는 상품, 안 팔리는 상품

　온라인 구매시장이 커지고 세분화된 지금, 소비자는 온라인 백화점, 플랫폼 쇼핑 카테고리, 온라인 마트, 브랜드 자사몰, 소셜미디어 등 다양한 곳에서 물건을 구매할 수 있다. 그리고 이러한 각 쇼핑 채널 별로 소비자들이 많이 구매하는 제품 군이 조금씩 차이가 있다. 그 중 SNS에서는 어떤 제품들을 소비자가 많이 구매할까?


1) 뷰티 제품

　: 뷰티 제품의 구매전환율은 시각적으로 보여지는 콘텐츠의 영향을 많이 받는다. 이 때문에 사진과 영상 콘텐츠에 집중된 SNS에서 쉽게 소비자의 마음을 잡을 수 있다. 뷰티에 관심이 많은 20, 30대 여성들이 모여 있는 SNS 채널의 구독자들은 외모가 출중한 인플루언서나 연예인들이 바른 립 제품, 스킨 케어 제품 등의 정보를 알고 싶어 한다. 또한 인플루언서의 나이나 결혼유무, 아이출산유무에 따라 구독자 연령층 등도 다 다르기 때문에 그 채널의 성격에 맞게 주름개선 화장품,

색조 제품 등 뷰티 제품도 다양하게 세분화하여 홍보할 수 있다.

## 2) 의류

: 1세대 온라인 의류 쇼핑은 포털에서 좋아하는 쇼핑몰을 검색해서 찾아 들어가 하는 쇼핑이었다면 지금은 의류를 SNS를 통해 구매하는 사람이 늘어나고 있다. 예전 온라인 의류 쇼핑몰의 모델은 모두 날씬하고 키가 큰 사람들뿐이었다. 나도 모델이 입은 착용 사진만 보고 의류를 구매 했다가 발 길이를 훨씬 넘어가는 긴 바지를 사보기도 하고, 몸에 들어가지 않는 옷을 구매해보기도 했다.

반면 다양한 체형의 사람이 모여 있는 SNS에서는 나와 같은 체형의 사람들을 쉽게 만나 소통할 수 있기 때문에 이렇게 체형별로 특화된 의류를 판매하기 쉽고 구매자도 실패확률이 적은 온라인 쇼핑을 즐길 수 있다.

## 3) 식품

: SNS채널에서는 마트에 입점을 하지 않은 다양한 제조업체, 공급업체의 특별하고 다양한 식품을 소개할 수 있다. 특히 구독자의 지역에서 볼 수 없는 타 지역의 특산물이나 독특한 식품들도 SNS에서 다양하게 소개할 수 있기 때문에 구독자들은

보다 다양하고 즐거운 식품 구매가 가능하다. 또한 정해진 상품을 골라 구입하는 오프라인 시장과 비교했을 때 수량, 맛 등의 옵션을 소비자의 취향에 따라 스스로 선택할 수 있는 경우도 있기 때문에 소비자의 구매경험이 보다 즐거워질 수 있다.

## 제안받기와 제안하기

공동구매 판매를 위한 제품을 소싱하는 방법에는 상대방에게 제품을 제안 받는 법과 내가 먼저 제안을 하는 방법이 있다. 전자의 경우에는 계정에 일정 수 이상의 팔로워가 모이면 DM이나 메일로 먼저 제안이 들어오기 시작한다. 물론, 다양한 협업 및 공동구매 제품에 관한 제안을 받기 위해서는 계정 프로필에 업무관련 메일주소를 필수로 기재해 둬야 한다. 나는 보통 제품을 제안받기보단 내가 원하는 제품을 공급받기 위해 내가 제안하는 방법을 선호한다. 이 경우가 아무래도 좋은 제품을 경쟁력 있는 가격에 공급받기에 유리하고, 내가 기획한 제품이 내가 기획한 콘텐츠로 효과적인 세일즈가 이루어졌을 때 보람 있기 때문이다.

물론 처음에는 낯선 사람에게 무언가를 제안하려는 일이 어색하고 두려울 수 있다. 하지만 모든 일은 처음이 어려운 법, 한 두 번 제안해보고 거절도 당해보고, 결국 제안에 성공한 제품의 세일즈 결과가 성공적일 때 큰 기쁨을 느낄 수 있을 것이다.

## 공동구매 진행과정

1) 기획하기

: 나는 모든 제품을 판매하기 전 먼저 기획의 단계를 거친다. 계절, 시간, 트렌드 등에 따라 내 채널의 구독자가 좋아할 만한 제품이나 관심을 갖을 만한 제품 등을 다양하게 조

사한 후 판매에 적합할 것 같은 제품을 추려낸다. 그 후 해당 제품을 어떤 메시지와 스토리로 사람들에게 소구할 수 있을지 작성한다. 또한 해당 제품이 온라인 시장 내에서 가격이 무너져 있지는 않은 지, 온라인에서 판매하기에 적당한 물건인지, 안전한 지 등의 세부적인 내용들을 살펴본다.

2) 물건을 공급해 줄 곳 찾기

: 제품 품목을 정한 후 해당 제품을 공급받을 수 있는 곳을 찾아본다.

3) 공급처와 협의하기

: 공급처 담당자와 공동구매를 진행하기로 결정하였다면 몇 가지 사항을 협의해야 한다. 판매는 어느 시점에 며칠간 진행할 지, 제품의 할인율을 얼마나 받을 수 있는지 (공동구매의 본래의 목적은 많은 사람들이 모여 좋은 제품을 보다 저렴한 가격에 구매할 수 있도록 하는 것이기 때문에 나는 시장 평균가격보다 많이 저렴하게 제공받을 수 있을 경우에만 공동구매를 진행한다), 공동구매 수수료는 얼마인지, 배송은 얼마나 빨리 진행될 수 있는 지, 배송비는 어느 측에서 부담하는 지 등을 협의한다.

4) 공동구매 판매 콘텐츠 제작

: 모든 기획과 일정이 정해졌다면 해당 제품을 스토리로

소개할 수 있는 콘텐츠를 제작한다. 나의 경우는 인스타 툰의 형식으로 판매 콘텐츠를 만들어 업로드 하는데, 다 른 공동구매 셀러들을 보면 숏 폼 동영상으로 올리는 경 우도 있고, 사진으로 제작해 올리는 경우도 있는 등 자신 이 잘 할 수 있는 분야로 다양하게 제작해 판매 콘텐츠 를 올린다.

▲인스타그램 주주맘(@zuzu.mom) 채널 판매 콘텐츠 중 일부

5) 판매 링크 업로드

: 콘텐츠가 완성되었다면 콘텐츠를 업로드 하기 전 꼭 링크를 먼저 프로필에 고정 후, 스토리에 링크를 먼저 올린다. 그 후 해당 스토리를 인스타그램의 '하이라이트로 고정' 이라는 기능을 이용해 인스타그램 채널 프로필 밑에 누구나 링크를 쉽게 클릭해 이동할 수 있도록 고정해 놓는다.

콘텐츠를 먼저 올리고 나중에 링크를 올린다면 콘텐츠를 먼저 본 사람은 구매링크를 찾지 못해 페이지를 이탈할 확률이 크기 때문이다.

링크는 내가 스마트스토어로 나만의 판매 페이지를 개설해 게시할 수도 있고, 혹은 이 과정이 복잡하다면 공급사에게 판매 링크를 만들어 달라고 요청해도 된다.

6) 판매 콘텐츠 업로드

: 링크를 게시한 후 판매 콘텐츠를 업로드 한다. 사은품이나 할인율 등 콘텐츠에 미처 적지 못한 내용이나 설명이 있다면 하단 본문에 추가로 적어도 된다. 해시태그는 사용해도 되고 하지 않아도 된다. 예전에는 해시태그로 구독자가 유입되는 비중이 컸지만 요즘에는 해시태그로 인해 부업계정이나 매크로계정이 유입이 많이 되는 부작용이 있어 나는 요새 해시태그 사용을 지양하고 있다.

7) 판매 촉진

: 인스타그램은 플랫폼 특성상 피드에 게시물을 한 번 올리고 일정 시간이 지나면 해당 게시물은 아래로 묻혀, 다음 날이나 일정 시간이 지난 후 접속한 사용자에게는 해당 게시물이 보이지 않게 된다. 그래서 공동구매 판매도 보통 게시물이 올라온 직후 반나절~하루동안 가장 판매량이 많다. 그렇기 때문에 며칠이 지난 후에도 판매가 이루어 질 수 있도록 판매 촉진을 할 수 있는 몇 가지 행동을 취해야 한다. 그 예로는 스토리 재 업로드, 제품 사용하는 모습 영상 추가 업로드, 메타 유료광고 진행 등이 있다.

8) 댓글 등 C/S

: 판매가 이루어지면 댓글이나 DM으로 구매를 원하는 구독자분들이 질문 등을 남겨 주신다. 내가 모르는 구체적인 내용은 공급사와 연락하며 구체적이고 정확한 정보를 해당 구독자분께 회신을 한다.

9) 판매 종료 및 정산하기

: 공동구매는 특가로 진행되기 때문에 오래 진행하면 시장 가격을 저해할 우려가 있다. 따라서 약 3일 ~ 7일의 짧은 기간동안 판매가 이루어지는데, 이 판매기간이 종료가 된 후 며칠 간은 배송과 환불, 취소 등 사후 관리에

신경을 써야 하고 모든 배송이 완료가 되면 공급사와 함께 수수료를 정산하면 모든 공동구매 과정이 끝난다.

# PART 8 인스타툰 작가가 되려는 당신의 마음관리

# 거절 받기를 두려워하지 말아라

우리는 모두 거절 받기를 두려워한다. 누군가에게 무언가를 요청하거나 제안했을 때 거절을 당하는 일은 상상만해도 자존심이 상하고, 상처를 입는 일이다. 하지만 이렇게 거절 받기를 두려워하는 마음가짐은 매 달 월세 나오는 인스타그램 계정을 운영하려 할 때 가장 먼저 버려야 할 태도이다.

인스타그램 계정을 운영하다 보면 가끔 광고 제안이 적게 오는 달도 있다. 이럴 때 나는 그저 가만히 있으면서 제안이 들어올 때까지 기다리고 있지만은 않는다. 홍보 제안서 나 기획서를 만들어 브랜드 계정 DM이나 메일주소로 제안서를 보낸다. DM을 보내는 이유는 일반적으로 해당 브랜드 인스타그램 계정은 마케팅팀에서 운영하고 있을 확률이 높기 때문이다. 어쨌든 그렇게 여러 곳으로 먼저 제안서를 보내고 답장이 오길 기다린다. 답장이 오지 않아도 상관없다. 아무런 일도 벌어지지 않았기 때문이다. 내가 제안서를 보냈다가 답장을 못 받았다고 해서 해당 브랜드 담당자가 나를 비웃을 일도 없고, 세상이 날 비웃을 일도 없다. 게다가 아무런 비용도 들지 않았다. 그저 그게 끝이다. 그리고 그렇게 열 곳 정도 제안을 보내다 보면 그 중 한 곳과는 일이 성사가 된다. 그럼 나는 최선을 다해 해당 프로젝트를 진행하면 되는 것이다.

나는 이 전에 한 번은 인스타그램 계정에서 광고 협업 콘텐츠 외에 또 다른 팔로워분들과 함께 즐길 수 있는 체험형 콘텐츠를 만들어보고 싶었던 적이 있었다. 그 후 체험단 이벤트를 기획했고, 먼저 ppt 제안서를 만들어 제품 브랜딩을 처음 시작하려는 제조사 대표님들께 체험단 제안서를 보냈다. 그 후 제조사로부터 일정 수수료와 팔로워분들께 무료 증정해드릴 체험단 제품을 협찬 받은 뒤 체험단을 연결해 제품 홍보를 진행하며 팔로워분들께도 선물을 드리고, 나도 수입 파이프라인을 늘렸다. 이 체험단 연결 콘텐츠를 통해 제품 홍보가 효과적으로 이루어진 케이스 몇 개로 다시 제안서를 만들어 더 큰 기업 인스타그램 계정에 나와있는 메일 주소로 나를 알릴 수 있는 제안서를 보내는 일을 반복해 스스로 기회를 찾으려 노력했다.

거절 받기는 나쁜 일이 아니다. 내가 한 제안을 거절당한다면 무엇이 부족했는지 찾아내고 단점을 보완해가고 이 과정에서 우리는 또 한 번 강해지고 성장할 수 있는 것이다. 그리고 수 많은 거절 중 한 번의 제안 성공으로 우리는 자신감을 얻을 수 있다.

또한 거절 받기는 딱 처음만 어렵다. 두 번째, 세 번째가 될수록 더 이상 거절 받기가 두렵지 않고 더욱 수월하게 제안을 할 수 있게 된다. 그리고 이 과정에서 우리는 수 많은 기회를 얻을 수 있다.

그러니 내가 무언가를 해보고 싶다면 거절 받기를 두려워하지 말고 먼저 문을 두들겨보자. 한 번의 두들김으로 나는 수 많은 기회를 얻을 수 있게 될 지도 모른다.

## 끊임없이 다양한 시도를 통해 나를 세상에 알리는 일

현재 인스타그램에는 수 많은 인스타그램 크리에이터와 마케터가 있다. 내가 이미 몇 만 팔로워의 구독자가 있는 인스타툰 계정을 운영하고 있어도 또 다른 수십만의 기업 담당자는 내 존재를 모르고 있을 것이다. 그러므로 내가 먼저 나를 알리는 것은 필수이다. 전 세계적으로 유명한 기업과 우리나라의 대기업도 매년 광고, 홍보 쪽에 막대한 예산을 쏟아붓고 있는데, 내가 뭐라고 내 홍보를 안하고 가만히 앉아 사람들이 나를 알아주기만은 기다리고 있겠는가?

내가 아무리 좋은 콘텐츠를 만들었다고 해도 그것이 사람들에게 알려지지 않으면 아무 의미가 없다. 인스타그램 외에도 유튜브, 블로그에도 동시에 업로드하며 나를 알리기 위해 노력해야한다. 내 콘텐츠와 나를 알릴 수 있는 곳이라면 어디든 노출 하는 것이 좋다. 이 모든 것을 다 해도 알려지기가 쉽지 않은 게 온라인 시장이기 때문이다.

다른 팔로워가 많은 계정의 댓글 이벤트 등에 참여하며 내 계정이 노출 될 수 있도록 하는 것도 하나의 방법이다. 또한 다른 크리에이터와 콜라보레이션을 하며 나를 알릴 수도 있고, 반응이 좋은 게시물을 찾아내 인스타그램 유료광고를 진행하는 것도 나를 알리는 하나의 방법이 될 수 있다.

인스타그램 계정을 운영하면서도 유머 콘텐츠, 정보성 콘텐츠, 감동적인 콘텐츠 등 다양한 콘텐츠를 업로드하며 내가 어떤 콘텐츠를 만들었을 때 대중의 사랑을 받는지 반응을 살펴가며 끊임없이 수정하고 시도하다 보면 좋은 콘텐츠를 만드는 법에 대한 감이 어느정도 잡히게 된다. 다양한 콘텐츠를 올리고 대중의 반응을 살피면서 계속해서 자신을 발전시키다 보면 자신만의 경쟁력을 키워 나갈 수 있을 것이다.

온라인에서 나를 알리는 일은 한 순간에 성과가 나진 않을 것이다. 끊임없이 방향과 방법을 바꿔가며 시도하는 것이 중요하며, 실패를 실패로 생각하지 않고 목표로 가는 단계 중 하나의 단계로 생각하고 다시 일어나서 노력해야 한다. 이 과정을 꾸준히 반복하다 보면 당신은 당신의 목표에 도달해 있을 것이다.


## 내 얘기가 아닌 모두의 이야기를 하는 사람


　콘텐츠는 결국 하나의 이야기를 상대방에게 풀어낸 것인데, 그 형태가 사람과 사람 간의 직접적인대화가 아닌 이미지, 웹툰, 온라인에 발행된 글, 영상 등의 형태로 이루어진 것이다. 사람과 사람이 대화할 때 상대방은 자신에게 있을 법한 일, 겪었던 일 등에 공감하고 이입하고 몰입하게 된다. 결국 콘텐츠 시장에서도 대중이 몰입하는 이야기를 만들려면 '내 이야기'가 아닌 '모두의 이야기'를 들려주는 데 집중해야 한다. 스스로에게 심취해 나만의 이야기만 계속 하게 될 경우 대중은 흥미와 참여를 잃어버릴 수 있다.

항상 사람들이 무슨 생각을 하는 지, 무슨 고민을 하고 있는 지 관심을 갖고 그들의 고민을 해소해 줄 수 있는 이야기를 주제로 정하거나 상실, 그리움, 자존감 등 모두가 공유할 수 있는 인간의 보편적인 감정에 관한 이야기를 주제로 정해야 한다. 그 후 이런 주제의 이야기들을 '나'로 설정한 캐릭터로 풀어내 대중에게 들려준다면 분명 대중의 공감과 참여와 공감을 이끌어 낼 수 있을 것이다.

▲ 2023년 초, 모두가 인상된 관리비로 놀랐던 이야기를 주주맘 캐릭터로 풀어낸 콘텐츠.

# 가장 중요한 건 '진정성'이라는 본질

사람과 사람의 관계에서 의미 있는 관계를 형성하려면 결국 가장 중요한 것은 진정성이다. 내가 상대방을 진실하게 대하고 상대방의 감정에 대해 진실되게 공감했을 때 상대방도 나에게 가식이나 겉치레 없이 나를 대해주고 나에 대한 신뢰를 쌓아간다.

인스타그램 콘텐츠를 제작하는 일도 마찬가지이다. 대중의 고민과 걱정이 무엇일 지 끊임없이 고민해보고 내가 만든 콘텐츠를 통해 어떻게 그들의 감정에 공감하고 위로할 것인지 생각해야 한다. 내 콘텐츠에 진심을 다해 그들의 마음을 공감한 다는 가치를 담아내 공유한다면 대중은 당신의 콘텐츠에 반응하고 당신을 신뢰하게 될 것이다.

콘텐츠 제작자는 늘 구독자에게 진실을 말하고, 구독자와의 소소하고 큰 약속들을 항상 이행하고, 구독자들이 필요로 하는 가치 있는 일을 할 때 구독자는 비로소 콘텐츠 제작자에게 친밀감을 느끼고 의지하게 된다. 계속해서 이것들을 반복해서 오랜 시간 동안 단단한 신뢰로 엮어진 구독자와 콘텐츠 제작자의 사이는 쉽게 끊어지지 않고 지속적인 관계를 유지할 수

있다

## 반짝 빛나고 사라져버리는 유성이 아니라 오래도록 은은하게 빛나는 별이 되기를

요즘 인스타그램에 콘텐츠가 넘쳐나면서 점점 자극적인 내용과 썸네일의 콘텐츠가 넘쳐나고 있다. 자극적인 콘텐츠들은 사람들의 이목을 끌기 쉬워 계정 구독자 급상승으로 이어지기 때문이다. 그래서 요새 인스타그램 탐색 탭을 보면 트리거를 유발할 수 있는 소재나 수위가 높은 소재의 콘텐츠들도 심심찮게 보인다. 물론 이런 계정들은 단시간에 대중들의 많은 관심을 받아 인스타그램 계정을 성장시킬 수 있는 건 사실이지만 대중의 기억속에 신뢰할 수 있는 브랜드로 각인되긴 쉽지 않다.

인스타그램 계정을 성장시키는 일은 하나의 작은 브랜드를 구축한다는 생각으로 추구하는 가치에 집중하고 충실해야 한다. 대중에게 필요한 가치를 생각하고 그들이 가진 고민을 해결해 줄 수 있는 일들에 집중해 이 가치들을 담아낸 콘텐츠를 지속적으로 발행 하는 일을 꾸준히 해야 한다. 이는 단기적으로는 높은 수익을 안겨다 주거나 큰 주목을 받을 수 있는 선택은 아닐지라도, 단계적으로 대중의 삶과 뇌리에 서서히 물들어가며 반짝 빛나고 단숨에 사라지는 유성이 아닌 오랫동안 은은하게 빛나는 별과 같은 하나의 브랜드를 구축할 수 있을 것이다.

단순하게 인스타그램 내에서만 인기있는 자극적인 계정은 인스타그램이라는 플랫폼이 언젠가 사라지게 되면 해당 계정의 존속여부도 불분명하다. 하지만 오랫동안 대중과 핵심 가치로 소통해 온 계정은 플랫폼의 유무와 관계 없이 어디에서나 대중에게 기억되고 사랑받을 수 있을 것이다.

# 에필로그

## 어떤 절망을 만나더라도, 당신은 무엇이든 이뤄낼 수 있는 사람입니다

▲주주맘 육아 툰 시리즈 [왜 나는 첫째 어린이집을 6번이나 옮겼는가..?] 중 일부

   인생을 살다 보면 누구나 한 번쯤 절망을 맞닥뜨립니다. 사람마다 그 시기와 상황의 차이만 조금씩 다를 뿐이죠. 유년기에 이미 절망을 경험한 사람도 있을 것이고, 청소년기에 한 사람도 있을 것입니다. 저는 그 절망이 30대에 찾아왔습니다. 전 세계의 시간을 멈췄던 팬데믹 기간에 정을 담아 운영하던 쇼핑몰을 폐업했고, 우리 가족의 발이 되어주었던 차를 처분했고, 어린 영유아 자녀 두 명을 데리고 낯선 도시로 이사했습니다.

   한 동안은 절망과 우울에 빠져 지냈습니다. 하지만 어느 순간 지금 겪고 있는 이 상황은 내가 컨트롤 할 수 없는 것이라는 생각이 들었습니다. 그리고 내가 할 수 있는 것들에 집중하기 시작했습니다. 절망을 벗어날 수 있는 행동들 중

작은 것들부터 하나씩 게임의 퀘스트 깨어나가듯 깨나갔습니다.

▲주주맘 육아 툰 시리즈 [왜 나는 첫째 어린이집을 6번이나 옮겼는가..?] 중 일부

그렇게 1~2년 간 꾸준히 퀘스트를 깨며 앞으로 나아가다 보니 어느 순간 제 옆을 가득 메우고 있던 절망은 온데간데없어지고, 수 많은 기회들만 남아 저에게 손을 내밀고 있었습니다. 손을 내어주는 기회가 없을 땐 다시 열심히 그 기회를 찾아 돌아다니며 기회를 만들었습니다.

인생 중 절망을 만났을 때 상황이 아무리 절박해 보여도 어디든 희망은 존재합니다. 인생은 기회와 도전으로 가득 차 있습니다. 물론 내가 절망을 실제로 만났을 때 그 희망은 보이지 않는 것만 같이 느껴질 수 있습니다. 그럴 땐 내가 할 수 있는 일부터 초점을 맞춰보세요. 아주 사소한 것이라도 좋습니다. 하루에 2시간씩만 할 수 있는 파트타임 직업이라도 좋습니다. 작은 퀘스트를 깨어나가는 힘이 모이고 모여 더 큰 일을 이룰 수 있는 역량을 만들어줍니다.

주변 사람의 지원이 필요하다면 손을 내미는 것도 주저하지 마세요. 도움이 필요할 땐 도움을 요청해도 좋습니다.

그리고 자신은 소중한 사람이라는 것, 무엇이든 이뤄낼 수 있는 사람이라는 사실을 늘 잊지 마세요. 지금 당신이 겪고 있는 작은 역경들은 인생의 실패가 아닌 과정들일 뿐이니까요.

2023, 3월

주주맘 구하라 드림